主持项目

（1）2017年辽宁省社科基金项目　重点项目《美国新政府对华政策走向的意识形态因素考量》L17AZZ001

（2）2018年国家社科基金项目　一般项目《冷战后美国两党对华政策演变的意识形态因素考量》18BKS162

光明社科文库
GUANGMING DAILY PRESS:
A SOCIAL SCIENCE SERIES

·政治与哲学书系·

詹姆斯·麦迪逊多元主义政治思想研究

郭起飞 | 著

光明日报出版社

图书在版编目（CIP）数据

詹姆斯·麦迪逊多元主义政治思想研究 / 郭起飞著. --北京：光明日报出版社，2023.11
ISBN 978-7-5194-7611-3

Ⅰ.①詹… Ⅱ.①郭… Ⅲ.①詹姆斯·麦迪逊—政治思想—研究 Ⅳ.①D097.12

中国国家版本馆 CIP 数据核字（2023）第 225561 号

詹姆斯·麦迪逊多元主义政治思想研究

ZHANMUSI · MAIDIXUN DUOYUAN ZHUYI ZHENGZHI SIXIANG YANJIU

著　　者：郭起飞

责任编辑：史　宁　陈永娟　　责任校对：许　怡　乔宇佳
封面设计：中联华文　　责任印制：曹　净

出版发行：光明日报出版社
地　　址：北京市西城区永安路 106 号，100050
电　　话：010-63169890（咨询），010-63131930（邮购）
传　　真：010-63131930
网　　址：http：//book.gmw.cn
E - mail：gmrbcbs@gmw.cn
法律顾问：北京市兰台律师事务所龚柳方律师

印　　刷：三河市华东印刷有限公司
装　　订：三河市华东印刷有限公司
本书如有破损、缺页、装订错误，请与本社联系调换，电话：010-63131930

开　　本：170mm×240mm
字　　数：116 千字　　印　　张：9.5
版　　次：2024 年 3 月第 1 版　　印　　次：2024 年 3 月第 1 次印刷
书　　号：ISBN 978-7-5194-7611-3

定　　价：85.00 元

摘 要

詹姆斯·麦迪逊是18世纪美国著名的政治家和政治思想家，是美国开国元勋中最年轻的一位，也是美国共和制政体的主要创建者之一。他的多元主义政治哲学为美国联邦宪法奠定了理论基础，因此，他也被誉为“美国宪法之父”。

麦迪逊继承西方古典共和主义、经典自由主义，以及加尔文新教伦理的精华，回应美国独立战争之后时代的要求和挑战，提出了他具有多元主义特色的共和主义主张。分寸、节制与平衡感是麦迪逊思想的一个显著的特色，这种特色十分鲜明地体现在他的共和主义主张中。实现这种共和主义的两大机制分别为分权制衡机制与利益集团机制。第一，分权制衡机制。分权制衡又分为：横向制衡，即立法、行政和司法三个部门的相互制衡；纵向制衡，即由州以下政府自下而上地对联邦政府的权力进行制约。第二，利益集团机制。他主张公开承认人与人之间在能力禀赋和财产占有等方面差异的存在，然后由政府行为增进各种利益集团的利益和加强他们的政治参与，使社会中的各种经济利益、政治利益，以及代表这些利益的集团和阶层尽可能地分化、多元化，然后由这种高度的多元化带来各种对立势力之间的制约和平衡，从而带来整个社会的均衡和稳定。同时，政府以分权制的政治结构为各种利益集团提供利益诉求和影响政府决策的渠道。

麦迪逊的多元主义政治哲学为美国联邦政权的合法性和政府机构的设置提供了完备的理论基础，同时，他也成为在今天美国政治生活中占主导地位的多元民主理论的先驱。不同于相信人民群众、主张多数民主的杰斐逊，麦迪逊对人性持有相当悲观的态度，对人民抱有疑惧与警戒。不同于汉密尔顿，麦迪逊反对君主制、主张共和制，但又不相信人民群众，唯恐他们侵犯资产阶级和大土地所有者的财产权，即所谓“多数人对少数人的暴政”。这体现了麦迪逊思想中的矛盾和困境，也是他多元主义政治思想的精神实质，和其思想的阶级与历史的局限。这又导致了他在经济领域里注重自由、忽视平等，这种局限也深刻地影响着当代美国的民主理论与实践。

目　录
CONTENTS

绪论

詹姆斯·麦迪逊（James Madison，1751—1836）是美国18、19世纪著名的政治家和政治思想家，是集哲学家的渊博智慧和政治家的深谋远虑为一身的美国开国元勋之一。他几乎经历了早期美国社会一切重要的政治事件。他曾是弗吉尼亚州议会及邦联议会的议员，制宪会议的发起人，以及美国《联邦宪法》《权利法案》的起草者，并任华盛顿总统时期的国会议员、托马斯·杰斐逊（Thomas Jefferson）总统的国务卿和美国第四任总统，同时，他还是美国民主共和党的创建人之一。麦迪逊对于美国政治制度与政治理论的产生与发展做出了卓越的贡献，而其思想的局限也深刻地影响了当前美国民主的理论与实践。

一、研究背景与现实意义

美国是世界上最早的宪政民主国家，其宪政制度继承并超越了古典共和主义与经典自由主义的政治传统，开创了人类运用理性自主设计国家发展道路的历史。作为“美国宪法之父”，麦迪逊是美国宪政史上的关键人物，他被誉为美国共和政体最伟大的奠基人之一。麦迪逊的政治思想之精髓是对美国分权制衡政治体制的规划与设计。同时，他也是美国多元民主（pluralist democracy）理论的奠基人。因此，深入地挖掘麦迪逊政治思想的内涵，能够更好地理解美国联邦政府的运行模式和美国多元民主理论的内在逻辑。

分寸、节制与平衡感是麦迪逊多元主义政治思想的显著特征，这种特征十分明确地体现在他对理想的政府结构与社会结构的规划与设计中。其政治思想由两大理论构成：第一，政府的分权制衡理论，该理论包括横向的分权制衡与纵向的分权制衡，前者指联邦政府的立法、行政和司法三个部门之间的分权与相互制衡，后者指联邦政府与州政府之间的分权与相互制衡。第二，社会的利益集团理论，他主张公开承认人与人之间在能力禀赋和财产占有等方面差异的存在，并认为政府应保护私有财产制和自由市场秩序，以推动社会中的利益集团或阶层尽可能地分化、多元化，然后由这种高度的多元化带来各种对立势力之间的制约与平衡，从而实现整个社会的均衡和稳定；同时，政府为各种利益集团提供利益诉求和影响政府决策的制度化途径。可见，麦迪逊极为强调政治权力与政治参与的制度化、程序化。在他的建国理念中，分权制衡的政治结构与公民的组织化政治参与方式紧密结合，即建立在代议制基础之上的联邦共和政体以其分化的政府权力为各利益集团输送政治代理人、表达意志提供了合法途径，而多元化的利益集团的政治参与既能监督和影响政府决策，又是分权制衡体制运行的内在动力。麦迪逊的上述政治主张带有鲜明的多元主义（pluralism）色彩，因此，他也被誉为美国的现代多元民主理论的先驱。

现代多元民主理论产生于20世纪50年代，其核心观点是民主政体的权力是分散和多元的。罗伯特·达尔（Robert Dahl）是美国多元民主理论界最重要的代表人物，其多元民主思想是在批判地继承平民主义理论（populism）、精英主义理论（elite theory）以及美国多元民主理论的先驱麦迪逊的多元主义思想的基础上形成和发展起来的，该思想反映了美国20世纪中期社会政治多元化的客观需要。现代多元民主理论认为人们由于经济、宗教、种族、民族等利益的不同而形成种种不同的群体或集团，当这些群体或集团试图花费时间和金钱来影响政府的政策时，他们便形成了利益集团（interest group），而民主则意味着众多不同的利益集团在相互竞争的过程中影响政府的决策。多元民主理论通过分权制衡与利益集团两个机制实现自身的政治构想。可见，它所关注的并非人民大众的普遍政治参与，而是要发挥有组织的利益集团的政治作用；它强调政府对各利益集团的利益与意志的关注和回应，而非对大众民意的直接体察与回应。

在建国初期的美国政坛，虽然各派政治力量在反对君主专制、倡导建立共和制政体等方面能够达成基本的共识，但他们各自的政治主张与建国方案在本质上存在着巨大的差异。这些政治主张大致分为三种：

第一，以杰斐逊为代表的民主派代表着自耕农等独立生产者的利益，他们站在人文主义的立场对资本主义工商业发展所造成的社会弊端进行了批判。在经济上，受法国“重农学派”（physiocracy）思想的影响，这些人强调美国社会的独特性和独立性，并力主走“农业立国”的发展道路。在政治上，他们强调地方政权（州）的独立性，并主张最大限度地实现公民的直接政治参与，主张如果任何政府蜕变为专制与暴政，则人民有权利以革命推翻其统治。因此，他们对法国大革命给予了高度赞扬。在这些人中，杰斐逊是最为坚定的民主主义者，他毫无保留地相信人民，因此主张在代议制的范围内尽可能地实现直接民主，并认为真正的共和政体就是最广泛地实现公民的直接政治参与。而为了防止人民参政时出现意见分歧，他提出“少数服从多数”的民主原则，并将“多数原则”视为共和国的第一原则。因此，杰斐逊也被誉为美国多数民主理论（the majoritarian model of democracy）的先驱。

第二，以亚历山大·汉密尔顿（Alexander Hamilton）为首的“联邦主义者”（federalists）代表了大资产阶级的利益，他们从近代西欧的工商业兴起，尤其是在英国工业革命后的社会发展中预见到了美国的未来。在经济上，他们将亚当·斯密的自由主义经济理论与欧洲“重商主义”（mercantilism）的某些主张相结合，力主走国家政府支持下的“工商立国”的发展道路。在政治上，他们倾向于精英统治和创建强大的中央政府。这些人不仅意图效仿英国的政治制度，而且试图加强联邦政府与英国的经济往来，以获取更多的制造技术和信贷资金支持。在这些人中，汉密尔顿是最典型的性恶论者，他始终站在“少数人即富人”的立场上思考政治问题，其建国的一个重要理念就是要依靠发展金融资本来掌握国家的经济命脉，并保障资产阶级的财产不受侵犯。因此，也有美国学者认为汉密尔顿所主张的实际上是一种贵族制度或精英制度。

第三，以麦迪逊为代表的“温和派”则代表了当时美国社会的大多数农业资产阶级或工商业资产阶级的利益，其经济主张和政治主张游移于上述两派之间。在经济上，麦迪逊看到了资本主义工商业发展所带来的公民传统美德的消逝和宗教信仰的式微，并认同农业生产方式在培育公民美德和维护个人经济独立等方面的积极作用。但是，他笃信财产私有制和“自由放任”（laissez-faire）的市场秩序更有利于社会的稳定与发展。因此，他既反对政府干预经济活动，也反对“金融寡头”。在政治上，他未能像杰斐逊一样对人民大众的情感和理性给予充分的信任从而支持民主制，而是主张以经济利益多元化实现社会均势和以政权结构多元化实现政治稳定的多元主义政治模式。

最终，在建国初期的美国社会，当实现政治稳定和维持社会秩序高于一切时，当争取个人自由的历史机遇正在向人们展现其美好的愿景时，麦迪逊所倡导的具有鲜明的自由资本主义色彩的政治主张与经济主张获得了“胜利”，其具有多元主义色彩的建国理念通过他起草的《联邦宪法》得以成为现实的制度。当今美国社会所实行的民主制度也基本上是一种多元民主，是在麦迪逊的思想影响下形成的。

在麦迪逊所构建的相对稳定的政治制度框架下，美国的社会形势相对稳定，资本主义经济得到了高度的发展。然而，资本主义生产方式下的美国，其政治决策往往被强势的利益集团影响和左右。这些强势的利益集团囊括了这个国家大部分的富商大贾和政治精英，而联邦政府的政策制定不可避免地倾向于这些人的利益与意志。这些因素使美国人为其社会的物质繁荣付出了高昂的代价：庸俗（vulgarity）、物质主义（materialism）、无归属性（rootlessness）和反智主义（anti-intellectualism）等。[①] 因此，美国的有识之士对于在资本主义的经济制度下能否实现真正的民主表示强烈的质疑。

总之，麦迪逊的多元主义政治思想对于美国政治制度与政治理念的形成与发展的影响是极为深远的。如兰斯·班宁（Lance Banning）所说：“如果我们错误地解释了他（麦迪逊）的行为或误解了他的思想，我们就误解了建国时期。如果我们能够更好地理解《联邦宪法》的主要设计者和最有力的支持者，我们就能够更充分地认识新共和国的目的与性质。”[②] 因此，对麦迪逊政治思想的研究有利于我们深入客观地了解美国的民主理念和政治制度的内涵及其本质特征、历史与阶级的局限和内在的困境。同时，在西方（尤其是美国）的自由、民主、宪政等意识形态全球化传播的当下，澄清这些政治主张的历史性、阶级性具有

① WOOD G S. The Radicalism of the American Revolution [M] . New York: Vintage Publishing, 2019: 368-369.

② BANNING L. The Scared Fire of Liberty: James Madison and the Founding of the Federal Republic [M] . Ithaca: Cornell University Press, 1995: 2.

格外重要的现实意义。

二、麦迪逊的生平及其思想历程

麦迪逊是美国宪政史上的关键人物，也是美国共和政体最伟大的奠基人之一，其多元主义政治思想是美国建国初期的社会现实与西方政治传统的产物。启蒙思想与新教伦理的广泛传播、英国宪政体制和西方古典共和主义的理论与实践，以及北美独立战争、原北美英属殖民地的政治实践，为其多元主义政治思想的产生提供了理论的来源和实践的参照，而美国独立战争的胜利与邦联制失败后的现实政治需要，又成为其政治思想得以产生、践行和发展的历史空间。

（一）教育经历

1751 年春天，麦迪逊出生于美国弗吉尼亚州的皮特蒙德（奥兰治县）一个种植园主家庭。弗吉尼亚州是由北美大陆第一个英国人殖民据点詹姆斯敦（Jamestown）逐渐发展起来的殖民地，它是北美 13 个殖民地中的南方代表，美国的烟草种植业和奴隶制都从这里开始。不仅如此，它还是北美大陆最早效仿英国议会建立代议机关的地区。经济与政治上的优良条件，让弗吉尼亚为美国的独立与建国事业输送了大量的优秀人才。自 1789 年乔治·华盛顿（George Washington）成为首任总统到 1825 年美国第五位总统詹姆斯·门罗（James Monroe）卸任的 36 年间，弗吉尼亚人担任了 32 年的美国总统。因此，也有历史学家将建国初期的美国称为“弗吉尼亚王朝”（The Virgina Dynasty）。

18 世纪的美国南部以种植园经济为主，因此，个人的社会地位与政治影响力均取决于其自身和家族拥有的土地或奴隶的数量。麦迪逊家族虽不属于当时的最富裕阶层，但家境十分殷实。麦迪逊的父亲既是一位种植园主，也是一位进步的社会活动家，他的事业心强，又性格刚毅、处事冷静。在父亲的护佑和严苛要求下，麦迪逊接受了良好的教育。而恬静的田园生活也培养了他对土地和农业生产方式的深厚情感，这种情感让他对北部的资本主义工商业发展并未怀有很高的热情。童年的麦迪逊身体孱弱，这或多或少促成了他的忧郁、沉静，又有些浪漫的性情。他习惯在读书学习的同时观察和体验生活，并行事审慎、不喜冲突，一生都“保持着条理性和稳定性。对那些漠视或反对社会规则的人，他则明显缺乏耐性”①。

由于母亲体弱多病，父亲又忙于打理种植园，麦迪逊的启蒙教育被托付给了祖母。祖母是位博学善思的虔诚基督徒，她搜集整理了 85 卷私人藏书供麦迪逊阅读，并经常带他去离家不远的一个教堂参加各种宗教活动。在麦迪逊十一二岁时，奶奶为他从伦敦函购了八卷由约瑟夫·艾迪生（Joseph Addison）编著的当时英国的著名文学杂志《观察者》（*Spectator*）。艾迪生犀利而充满思辨的文字，及其对人的智慧、美德与良好举止的强调，影响了麦迪逊的一生。12 岁时，麦迪逊到离家不远的国王与王后县（King and Queen County）的寄宿学校学习，师从唐纳德·罗伯逊（Donald Robertson）。罗伯逊是当地著名的加尔文教牧师，他为麦迪逊讲授拉丁文、希腊文、地理、数学、文学及神学知识。在罗伯逊的教导下，少年麦迪逊熟读了柏拉图、欧几里得（Euclid）、洛克、方特奈尔（Fontenelle）等人的作品，以及《国法大全》（*Corpus Juris Civilis*）、孟德斯鸠的《论法的精神》之类的法学名著，托马斯·阿·肯披斯（Thomas à Kempis）的《遵主圣范》（*Imitation of Christ*）、英国加尔文教圣经《威斯敏斯特信条》（*Westminster Confession*）等宗教典籍。

---

① 威尔士．美国宪法之父：詹姆斯·麦迪逊传［M］．刘红，冉红英，译．合肥：安徽教育出版社，2006：7.

5年后，麦迪逊回到故乡，继续向牧师托马斯·马丁（Thomas Martin）学习。后来，马丁推荐他去自己的母校普林斯顿大学（当时称为新泽西学院）继续深造。这时普林斯顿大学的校长正是美国历史上大名鼎鼎的乔治·威瑟斯彭（John Witherspoon）。威瑟斯彭在英国爱丁堡大学获得神学学位，后将苏格兰启蒙思想传播到北美大陆。这位校长同时也是大陆会议的成员和《独立宣言》56个签署人之一，他的学生包括“一位美国总统（麦迪逊）、一位副总统（阿伦·伯尔）、10位政府内阁官员、60位国会议员、12位州长、56位州立法者和包括3位最高法院大法官的30位法官”①。麦迪逊用2年时间提前修完了普林斯顿的常规课程，又花费了6个月时间留校随威瑟斯彭进行希伯来语和神学的研修。他酷爱读书，经常手不释卷，尤其喜爱洛克、伏尔泰、孟德斯鸠等启蒙思想家的作品。在这期间，他还参加了“辉格主义者协会”（The American Whig Society），并在参与这个组织的工作中锻炼培养了他从事政治与社会活动的素养和能力。此时的麦迪逊希望自己能够从事法律工作，并“尽量少依靠奴隶们的劳动”而生活。

威瑟斯彭任校长时期的普林斯顿大学极为强调新教精神和宗教信仰自由，该校这种自由氛围的熏陶也使麦迪逊更为笃信政教分离和信仰自由的意义与价值。终其一生，他都信守着导师的教诲和新教精神，严苛自律、积极勤勉地投身于富有价值的公共事务中。

（二）政治生涯

离开普林斯顿大学后，麦迪逊回到家乡，依然潜心读书与思考。独立战争的爆发将麦迪逊从书斋中拉了出来，他开始积极参加反抗英国殖

① SHELDON G W. The Political Philosophy of James Madison [M]. Baltimore: Johns Hopkins University Press, 2001: 10.

民统治的各种政治与社会活动。1776 年，他成为弗吉尼亚革命委员会（Virginia's Revolutionary Convention）的成员，并协助乔治·玛森（George Mason）起草了极具开创性意义的《弗吉尼亚权利宣言》（*Virginia Declaration of Rights*）。在麦迪逊的推动下，“宗教信仰自由”也被首次载入北美的法律文件之中。1780 年，他成为大陆会议代表，并顶住战时的微薄薪酬所带来的生活压力辛勤工作了 3 年。在此期间，他亲见了因为没有统一的中央政府，各州分治而带来的国家军事、财政、外交等方面的种种弊端与问题，遂深感建立一个统一的联邦政府的迫切需要。

1785 年，美国邦联国会为协调州际贸易纠纷而组织召开了安纳波利斯会议（Annapolis Convention），但最终该会议却因不足法定人数而夭折。协调贸易冲突的失败，也让麦迪逊更坚定了美国应建立强大的中央政府的信念。后来，他与汉密尔顿等人商议，决定利用这一契机召集一个更大规模的修改《邦联条款》（*Articles of Confederation*）的会议以应对当时的邦联危机。该会议最终演变为了美国历史上著名的“制宪会议（Constitutional Convention）”。

1787 年费城制宪会议召开时，年仅 36 岁的麦迪逊已有了十多年的地方政治实践经验，以及经数年钻研政治与法律经典著作而达成的思想理论方面的准备。他特别研究了西方历史上的各种政体形式，尤其是共和制的国家结构与政权运作情况。这样，麦迪逊从事制宪工作的准备超出了其他所有赴会代表，他所拟定的《弗吉尼亚方案》（*The Virginia Plan*）也为制宪代表的讨论提供了基本框架。更值得称道的是，在历时三个多月的制宪会议中，麦迪逊不仅从未缺席，而且翔实、准确地记录了所有议题的辩论过程。这些记录也为后人了解这次会议和理解美国联邦宪法提供了宝贵的第一手资料。

制宪会议结束后，为推动宪法在各州获得通过，麦迪逊又与汉密尔顿、约翰·杰伊（John Jay）一起，以他们所仰慕的古罗马执政官“普布利乌斯”（Publius）的名字为笔名，在纽约州报刊上发表了一系列文章，以阐述建立一个联邦制共和国的必要性与优越性，这些文章后来被编著为西方政治学经典著作——《联邦党人文集》（*The Federalist Papers*）。麦迪逊的立法天赋及其对美国政治的卓越贡献也得到了当时美国社会的认可。1787 年，在《联邦宪法》文本完成前，他的母校普林斯顿大学授予了他法学博士学位。

1789 年至 1797 年，时任国会众议院议员的麦迪逊起草了《权利法案》（*Bill of Rights*）。同时，为对抗以汉密尔顿为首的联邦党人无限制扩大中央权力的企图，他与杰斐逊一同组建了民主共和党（Democratic-Republican Party）。与杰斐逊的政治结盟，也使麦迪逊开始接受积极主张民主与分权的杰斐逊的一些政治观点。此时，他开始强调州权对联邦政府权力的制约作用。1801 年，麦迪逊成为杰斐逊总统的国务卿。在此期间，他努力协助杰斐逊，向法国购买了路易斯安那州（Louisiana），从而使得美国的国土面积增加了一倍。1809 年，麦迪逊当选为美国第四任总统。在担任总统的 8 年时间里，他的最大功绩是带领美国人民进行了第二次反英战争，保卫了美国的共和制度，更为美国赢得了彻底的独立。退休后，麦迪逊又回到了自己的故乡，此时，他所坚决反对的则是 19 世纪 30 年代具有分裂倾向的州权主义。1836 年 6 月 8 日，麦迪逊在故乡逝世，享年 85 岁。

麦迪逊终生致力于美国政治体制的构建与完善，只依靠微薄的薪俸和父亲的资助维持生活，从未从事过商业和其他经济活动，也未持有过公债。尽管不同的学者给麦迪逊冠以不同的头衔，但终其一生，他都是一位坚定的爱国者。正如他在逝世前撰写的《对我的国家的忠告》（*Advice to My Country*）中所说的：“我发自肺腑的忠告和我心灵深处的信念，就是要珍惜和维护美利坚合众国，并使其永存。”

和许多其他的美国政治思想家一样，麦迪逊的政治思想并非要阐述一种普遍永恒的政治学原理，而是为了解决美国现实的政治需要。同时，其政治思想并非以系统的论著表达，而是“以论战式小册子、论文、政府文件、演讲和书信形式表达出来”① 的。他对古典共和主义、经典自由主义的政治理论以及西方历史上的各种政体均十分熟悉，但他从未照搬过前辈哲人的理论，他所关注的永远是美国现时的政治与经济问题。因此，在不同的历史时期，麦迪逊的某些具体的政治观点与主张也会出现不一致；而这往往是因为随着历史的发展，他的思想也会产生某些变化，而在这时，他会果断地修正自己以往的见解。

在美国的制宪时期，当面对民众对宪法的种种质疑与争论时，麦迪逊将其全部精力放于宪法的顺利起草、签署和实施，以及统一、强大的联邦政府的创建。此时，出于政治妥协的需要，一些应当被写入宪法并获得制度支持的政治议题被他暂时搁置。同时，他与站在贵族立场上、政见并不相同的汉密尔顿进行了合作，共同推动了《联邦宪法》的起草与颁布。而在华盛顿政府成立之后，当麦迪逊逐渐意识到时任财政部部长的汉密尔顿所带领的“联邦党人”的种种政治行为已经侵犯各州权益和“自然的”自由市场秩序时，他又坚定地与杰斐逊站在一起，强调州权和公民群体在制约联邦政府权力中的重要性，强调出版自由、言论自由在维护公民权利中的突出作用，并与汉密尔顿进行了坚决的斗争。此时，他对奴隶制、选举权等重要政治问题的观点也有所改变。

然而，终其一生，麦迪逊寻求社会均势与政治稳定，以及保护私人财产权和以制度规范政府权力的政治理想从未改变，而其政治思想的精

① 邓正来．布莱克维尔政治学百科全书［M］．北京：中国政法大学出版社，1992：438.

髓恰是对分权制衡政治体制的规划与设计。在麦迪逊的政治哲学中，由诸多利益集团的竞争产生的均势与平衡要优于各阶级之间的暴力对抗和革命。在他看来，前者能够为社会发展提供活力并带来稳定与繁荣，而后者只能为国家和社会带来动荡和危机。

三、研究现状述评

（一）国外研究综述

现当代美国学者对麦迪逊政治思想的关注源于他们对宪政理论的研究。随着美国最高法院逐渐将《联邦党人文集》作为宪法解释的文本来源，作为《联邦宪法》和《权利法案》起草者的麦迪逊及其著作在法学、政治学领域的地位也逐步提高，收录其著述的丛书和麦迪逊的个人传记相继出版。同时，爱德华·伯恩斯（Edward Burns）于1938年出版的《詹姆斯·麦迪逊——宪法哲学家》（*James Madison*：*Philosopher of the Constitution*）是这方面研究的主要成果，也体现着美国学术界对麦迪逊政治思想研究的深化。

美国学术界对麦迪逊思想的研究主要以麦迪逊参与著述的《联邦党人文集》、其书信文件集和美国制宪会议的文字记录为基础资料，并结合美国宪政制度的发展历程、美国政治体制的设置与运作模式来进一步论析麦迪逊思想的理论价值和现实意义。需要指出的是，学者们对麦迪逊政治思想的关注也与西方政治学领域对共和主义（republicanism）研究范式的复兴有关。从20世纪60年代开始，西方学术界的一部分政治学家、法学家和历史学家试图以共和主义的视角重新追溯英美现代政治思想的起源，进而向把自由主义视为英美现代政治思想的唯一或主要思想渊源的传统研究范式发起了挑战，并进行批判。由此，以“建国者以何种思想构建革命话语和建国理念”为主题的政治争论在美国学术界逐渐展开。作为建国时期著名的政治家和政治学家，麦迪逊的立国思想也逐渐成为美国学者关注的重点。总体来说，国外学者主要从共和主义和宪政主义（constitutionalism）两个角度分析和阐释麦迪逊的政治理念。

首先，看对麦迪逊共和主义政治思想研究的现有成果。这方面的著述包括：德鲁·R. 麦克科伊（Drew R. McCoy）的《最后的国父——麦迪逊与共和的遗产》（*The Last of the Fathers: James Madison and the Republican Legacy*）、杰克·N. 雷科夫（Jack N. Rakove）的《麦迪逊与美利坚共和国的建立》（*James Madison and the Creation of the American Republic*）、约翰·R. 鲍尔（John R. Bauer）的《美国革命后詹姆斯·麦迪逊共和主义的修正》（*James Madison and the Revision of Republicanism in Post-revolutionary America*）、兰斯·班宁（Lance Banning）的《自由的圣火——麦迪逊与联邦共和国的缔造》（*The Sacred Fire of Liberty: James Madison and the Founding of Federal Republic*）等。这些专著将麦迪逊的共和主义思想与古典共和主义理论做比较研究，并肯定了麦迪逊对美国共和制的创建和早期发展的卓越贡献。其中，文森特·奥斯特罗姆（Vincent Ostrom）的《复合共和制的政治理论》（*The Political Theory of a Compound Republic*）以《联邦党人文集》为主要文本解析了美国政治制度设计的基本理论，他立足于美国的立宪实践，将麦迪逊的共和主义思想界定为“复合共和制”（compound republic）的政治理念，并认为麦迪逊的政治理论是以代议制和联邦制的方式消解了“古典共和主义的弊病”。兰斯·班宁则明确指出，麦迪逊比其同时代的政治家和政治思想家对早期美国国家理念的形成和政府机构的建立做出了更多的贡献。而杰克·N. 雷科夫在《詹姆斯·麦迪逊与大共和国：理论及其在美国的政治实践》中，将麦迪逊的共和主义思想界定为“大共和国”（The extended republic）理论。上述学者对麦迪逊共和主义思想的研讨基本上是围绕着代议制、三权分立和联邦主义这些麦迪逊思想的核心内涵进行的。

其次，看对麦迪逊宪政思想的研究成果。主要著作包括：爱德华·伯恩斯的《麦迪逊——宪法哲学家》、布鲁斯·G. 考夫曼（Bruce G. Kaufman）的《宪法教父麦迪逊》、路易斯·亨金（Louis Henkin）和阿尔伯特·J. 罗森塔尔（Albert J. Rosenthal）的《宪政与权利》（*Constitution and Rights*）、罗伯特·A. 戈尔德温（Robert A. Goldwin）的《从羊皮书到权力——麦迪逊如何利用权利法案维护宪法》（*From Parchment to Power: how James Madison used the Bill of Rights to save the Constitution*）、斯托特·E. 利比戈（Stuart E. Leibiger）的《詹姆斯·麦迪逊与宪法修正案 1787—1789》（*James Madison and Amendments to the Constitution*, 1787—1789）等。这些著作着重分析了麦迪逊的“以制度设计限制权力专制”的宪政思想，并肯定了“美国宪法之父”麦迪逊在美国宪政制度的建立和对公民权利的保护方面所发挥的重要作用。此外，戈登·伍德（Gordon Wood）在《美利坚共和国的缔造》（*The Creation of the American Republic*）一书中不仅对 1787 年制宪会议的历史背景做了详尽的阐述，而且分析了美国各州宪法对麦迪逊所起草的《联邦宪法》的影响。

另外，还有三位学者从其他角度对麦迪逊的政治哲学思想进行了阐释。加勒特·沃德·谢尔登（Garrett Ward Sheldon）在《詹姆斯·麦迪逊的政治哲学》（*Political Philosophy of James Madison*）中强调了宗教因素对麦迪逊政治思想形成的影响，并对麦迪逊政治思想的渊源进行了系统阐述。索罗·K. 帕多费（Saul K. Padover）在《麦迪逊全集》（*The Complete Madison*）的序言中指出，麦迪逊是一位 18 世纪的“理性主义”思想家，是一位宗教自由和思想自由（intellectual freedom）的坚定捍卫者，也是美国宪政共和政体的真正构建者。理查·K. 马修（Richard K. Matthews）在《假如人是天使：詹姆斯·麦迪逊与冷漠的理性帝国》（*If Men Were Angles*：*James Madison and the Heartless Empire of Reason*）中认为，麦迪逊将社会的稳定和个人财产权视为高于政治民主和个人权利的政治价值，并批判了麦迪逊着意维护资产阶级财产权的倾向。

此外，罗伯特·达尔在《民主理论的前言》（*A Preface to Democratic Theory*）中指出，民主意味着妥协，也依赖妥协，而“麦迪逊式的民主”（madisonian democracy）则“旨在成功地在多数人的权力和少数人的权力之间，以及所有成年公民的政治平等和限制其主权的需要之间，达到某种妥协”①。C. B. 麦克弗森（C. B. Macpherson）在《自由主义民主的生命与时代》（*The Life and Times of Liberal Democracy*）一书中将麦迪逊誉为“美国多元民主理论的先驱”，他认为达尔的多元民主理论在很大程度上是建立在麦迪逊政治思想的基础之上。查尔斯·A. 比尔德（Charles A. Beard）在《对美国宪法的经济学解读》（*An Economic Interpretation of the Constitution of the United States*）中指出，在马克思诞生之前，麦迪逊已经在《联邦党人文集》第十篇中提出了“经济决定政治”的思想。艾德里安·科克（Adrienne Koch）在《杰斐逊与麦迪逊——伟大的合作》（*Jefferson and Madison*：*The Great Collaboration*）一书中指出，麦迪逊与杰斐逊之间长达50年的友谊对他们各自政治思想的形成与完善具有深刻的影响。同时，在大量的文本资料分析的基础上，科克还深入地比较和分析了他们二者政治理念的差异。

总之，美国学者对麦迪逊政治思想之价值的挖掘是从美国的主流意

① 达尔. 民主理论的前言［M］. 顾昕，朱丹，译. 北京：生活·读书·新知三联书店，1999：1.

识形态出发，其最终目的是论证美国现有政治制度的合法性。同时，他们也希望通过追溯建国者的政治思想来反思和解决当下美国的诸多社会问题。这些学者的著述并非美国建国史的资料堆砌或麦迪逊的观点堆砌，而是深入挖掘了麦迪逊政治思想的哲学内涵，这恰恰是研究麦迪逊及其政治思想的中国学者所欠缺的。

（二）国内研究综述

国内学者对麦迪逊及其政治思想的研究尚处于起步阶段。相关译著主要有程逢如等人翻译的《联邦党人文集》、尹宣翻译的《辩论：美国制宪会议记录》，以及《美国宪法之父：詹姆斯·麦迪逊传》和《詹姆斯·麦迪逊评传》，而对于麦迪逊政治思想的研究则未有译著。学者张国栋以制度中心主义的视角，在《麦迪逊政治理论研究》一书中阐述了麦迪逊的“复合共和制”政治理论。此外，再无有关麦迪逊政治思想研究的中文专著。

国内学者对麦迪逊及其政治思想的研究散见于一些学术论文中。主要涉及麦迪逊的共和主义思想，如肖滨的《政体理论如何支撑立宪选择——基于麦迪逊与亚里士多德的虚拟对话》①；麦迪逊的联邦主义思想，如郭小雨的《“麦迪逊问题”中的“何为美国”》② 和郑荃文的《联邦与共和：麦迪逊式联邦主义理论重探》③；麦迪逊的宪政思想，如曹德谦的《麦迪逊与美国宪法》④ 和台湾学者张福建的《在自由主义

---

① 肖滨．政体理论如何支撑立宪选择——基于麦迪逊与亚里士多德的虚拟对话［J］．武汉大学学报（哲学社会科学版），2005（7）：490-496.

② 郭小雨．“麦迪逊问题”中的“何为美国”［J］．美国研究，2019（5）：121-131.

③ 郑荃文．联邦与共和：麦迪逊式联邦主义理论重探［J］．政治思想史，2021（3）：126-142.

④ 曹德谦．麦迪逊与美国宪法［J］．美国研究，1987（4）：36-52.

与共和主义之外：麦迪逊早期宪政思想探索》①；麦迪逊的政党思想与实践，如刘祚昌的《杰斐逊麦迪逊与共和党的兴起》② 和宋腊梅的《麦迪逊的政党思想与实践》③。此外，还有曹锐的《权力的分立与制衡——麦迪逊的分权理论》④，孙宝珊的《浅论麦迪逊的历史地位》⑤。再有，杨麦龙在《制宪会议前后麦迪逊社会政治思想浅析》⑥ 中肯定了麦迪逊政治思想中的民主成分；夏立安的《美国宪政体制稳定的第一基石——麦迪逊的社会利益多元体制论》⑦ 和高春芽的《多元主义利益集团的形成机制：从麦迪逊到杜鲁门》⑧ 则论及了利益集团理论在麦迪逊政治思想中的重要地位。

此外，王希教授的《原则与妥协：美国宪法的精神与实践》对美国自 17 世纪初至 20 世纪末的宪政发展史进行了梳理，并在此基础上分析和探讨了美国宪政制度的重要理念与原则的起源和发展。他认为美国宪法的意义在于创立了一个利益谈判与妥协的政治机制，而美国宪法的生命力恰恰体现在不同利益群体间的谈判与妥协的过程中。因此，他视

① 张福建．在自由主义与共和主义之外：麦迪逊早期宪政思想探索［J］．政治思想史，2010（1）：56-79.

② 刘祚昌．杰斐逊麦迪逊与共和党的兴起［J］．历史研究，1996（2）：134-145.

③ 宋腊梅．麦迪逊的政党思想与实践［J］．河南大学学报（社会科学版），2008（3）：140-147.

④ 曹锐．权力的分立与制衡——麦迪逊的分权理论［J］．法制与社会，2009（7）：388.

⑤ 孙宝珊．浅论麦迪逊的历史地位［J］．烟台师范学院学报（哲学社会科学版），1984（1）：71-76.

⑥ 杨麦龙．制宪会议前后麦迪逊社会政治思想浅析［J］．史学月刊，1988（2）：98-103.

⑦ 夏立安．美国宪政体制稳定的第一基石——麦迪逊的社会利益多元体制论［J］．湖北大学学报（哲学社会科学版），1997（5）：78-80.

⑧ 高春芽．多元主义利益集团的形成机制：从麦迪逊到杜鲁门［J］．河南大学学报（社会科学版），2009（3）：51-54.

美国《联邦宪法》为“一部具有生命力的宪法”。张千帆教授的《西方宪政体系——美国宪法》一书则在比较美国、法国、德国与欧盟四大政治实体的宪政体系及实践的基础上，通过若干著名案例分析了美国宪政制度的历史发展脉络与特色。这两部专著均是研究麦迪逊政治思想时可参阅的较好的中文著述。

综合来说，与西方学者相比，国内学者对麦迪逊政治思想的研究在深度、广度和系统性方面都存在较大差距。具体来说：首先，国内学者在运用外文资料方面远远不够。多数学者主要是依据中译本的《联邦党人文集》，对麦迪逊的书信及其他大量的文章著述则研究不够；同时，对国外研究麦迪逊政治思想的文章著述也关注较少。其次，对于麦迪逊的研究往往限于史学方法，或以共和主义、联邦主义的视角开展，而鲜有学者从多元主义政治哲学的角度进行探析。最后，学者们对麦迪逊政治思想的全面性把握不够。他们并未关注作为政治家的麦迪逊在联邦政府成立后的政治主张与观点的变化，以及麦迪逊与杰斐逊、汉密尔顿的政治思想之比较。同时，学者们也未能深入揭示麦迪逊政治思想与西方古典和现代政治思想，以及新教伦理之间的内在联系。

四、研究方法与创新点

本书以麦迪逊的政治思想为研究对象，以其著作《联邦党人文集》《辩论：美国制宪会议记录》及其书信集、报刊发表文章为依托，以外文专著为主要参考文献。同时，结合美国建国初期的社会环境与政治诉求，并将麦迪逊的政治主张与其同时期的政治家和政治学家的政治观点，以及古典共和主义、经典自由主义政治理论做比较研究，以系统阐述麦迪逊的多元主义政治思想。

（一）研究方法

本书主要从政治学、哲学、历史学等多个视角对麦迪逊的多元主义政治思想进行了分析与阐述，并在此基础上归纳和总结出其政治思想所具有的理论价值与现实意义。本书主要采用了历史分析法、哲学诠释法、历史与哲学相统一、理论联系实际等研究方法。

第一，历史分析法。将麦迪逊的政治思想纳入美国的建国历程、西方的宪政发展史与政治思想谱系之中。首先，追溯了其政治思想产生的时代背景与理论渊源，指出了其多元主义政治哲学思想与西方古典共和主义、经典自由主义与新教伦理思想的内在关联。其次，强调了美国革命与建国的独特性，并将麦迪逊的多元主义政治思想与美国建国初期的另外两位著名政治家和政治学家杰斐逊、汉密尔顿的政治思想与实践进行了对比分析。最后，指出了麦迪逊的政治哲学思想对美国宪政制度的创建与政治民主化进程的影响，以及对美国民主政治理论与西方共和主义理论发展的贡献。

第二，哲学诠释法。麦迪逊的人性论及其对美国社会阶级关系的哲学思考，是其分权制衡理论和多元民主理论得以形成的重要哲学基础，本书围绕这个焦点进行了比较深入的思考、分析与研究。同时，本书以马克思的历史唯物主义方法对麦迪逊政治哲学进行了辨析与批判，肯定了其进步与合理的因素，并解释了其历史与阶级的局限性。

……

（二）创新点

第一，通过对麦迪逊、杰斐逊与汉密尔顿政治思想的系统比较，指出了麦迪逊多元主义政治理论的内在矛盾与困境。分析了麦迪逊对于人民的矛盾态度与立场，指出他一方面拥护共和制度，另一方面又对人民怀有深深的疑惧与警诫，它们构成了其利益集团之间平衡、均势与社会稳定的多元民主理论的基础。

第二，对麦迪逊的著名命题“多数人对少数人的暴政”进行了深入分析。指出此命题的实质是同洛克及“西方保守主义之父”埃德蒙·柏克（Edmund Burke）一样，唯恐人民群众侵犯资产阶级和大土地所有者的财产权，这也是麦迪逊政治思想的阶级与历史的局限性，而他思想中的这种矛盾和局限也给美国今天的民主理论与实践打上了深刻的烙印。

第三，以“多元主义”的视角解读麦迪逊的政治哲学思想。在他的建国理念中，分权制衡的政治结构与公民的组织化政治参与方式相结合。一方面，建立在代议制基础上的联邦共和政体以其分化的政治权力为各利益集团表达意见、输送代理人提供合法途径；另一方面，社会多元利益集团的政治参与也能监督政府政策，成为分权制衡体制运行的内在动力。

第一章

麦迪逊政治思想产生的历史背景与理论渊源

政治思想的产生和系统化是政治思想家所处时代、个人的理论背景以及性格特质等综合因素相互作用的结果。因此，对相关时代背景与个人性格特征的理解与把握，有利于更深入地了解和理解政治思想家及其政治思想。

第一节　历史背景

美国的独立战争与制宪活动被认为是西方启蒙运动的重要成果，也是西方政治现代化历程的标志性事件。在某种意义上，美国文化是欧洲（尤其是英国）文化的延伸，而殖民地时期的各州政治实践与 8 年的北美独立战争，也为麦迪逊创建联邦共和政体提供了参照。

一、英国的宪政传统

美国建国初期的 13 个州曾是英国人定居、英国人统治的海外拓殖地。这些英国移民在寻求经济利益的同时，也为北美大陆带来了当时世界上最为先进的政治理念和社会管理方式。英国的宪政经验及其所体现的注重经验、传统和秩序的具有保守主义色彩的政治文化也成为美国宪政制度的重要源头。

英国宪政包含两大精义：一为法律主治（rule of law），二为议会主权（parliamentary supremacy）。其中，“法律主治”的含义包括相互关联的三方面：其一，权力不能武断，人民不能无故受罚，即人民非经法定程序和普通法院宣判其违法不能蒙受财产和人身方面的侵犯；其二，法律面前人人平等，即人人均要服从普通法律、接受普通法院的管辖；其三，英国没有成文宪法典，其宪法通则来自普通法院对各种涉及个人权利的案件的判决，因此，英国的宪法通则既是法院保障人权的依据，又是法院保障人权的大量司法实践所累积的结果。

始于古希腊的西方自然法理论是英国宪政的哲学基础。古希腊时期，人们将对自然的神圣性、同一性的尊崇与正义和理性的观念相结合，形成了“自然法”的观念。亚里士多德认为，政治正义包括“自然正义”和“法律正义”，但前者不同于后者，它无法设计，只能从自然中发现，因此具有至高性和永恒性。古罗马法学家西塞罗将理性融入自然法的观念，他指出：“真正的法律乃是正确的理性，它与自然和谐一致，它散播至所有的人，且亘古不变、万世长存；它以其命令召唤人们履行义务，以其禁令约束人们为非作歹……这是一种永恒不变的法，无论何时何地，它都有效。”① 这句被不断引用的自然法定义明确了自然法的基本原则：第一，人类社会存在不依赖任何实体法的“自然法”和“自然正义”原则；第二，自然法原则不可改变也无须任何权威解释；第三，人类社会存在本质上可被视为非正义或坏的行为；第四，实体法的意义在于能够以其强制性认可和执行自然法；第五，自然法可评

① 考文．美国宪法的“高级法”背景［M］．强世功，译．北京：生活·读书·新知三联书店，1996：5.

判实体法的正义性；第六，人具有正确认识自然法的理性。① 正是上述自然法理念的存续和发展，为英国的法治与宪政提供了深厚的理论基础；而“自然法可评判实体法的正义性”的原则在后来也成为麦迪逊所主张的司法审查权的理论依据。

中世纪的英国，在自然法观念的指导下，逐渐形成了现实的法律制度，即普通法（common law）。普通法是国家法对民间法干预的产物。②在诺曼王朝加强领地控制和强化中央权威的过程中，普通法随着王室司法管辖权的扩展和国家司法体系的统一化而逐渐发展成为全英格兰共同的法律。普通法的内容由普通法院的法官通过司法判例、政治习惯和相关法律创立和发展而来，因此具有遵循先例、尊重经验与注重程序的特征。这种特殊的生成机制也使英国普通法具有了宪政的本质。

1215 年，英国贵族为限制日益扩张的王权、保障自身权益，以兵谏迫使英王约翰（King John）签署了《大宪章》（*Magna Carta*），这实际上是以宪章的形式要求国王承认贵族的传统权力和“恢复古代惯例的自由”③。该宪章具有司法功能，它能够成为诉讼依据和判决依据；同时，它也具有“自然法”或“基本法”的特征，即它是国家的所有一般性法律的渊源，任何其他成文法或判决如与之相悖则“皆为无效”④。这样，《大宪章》使英王的权力受到约束，其意志也不再具有法律效力，同时，由贵族组成的议会的权力也受到了制约。后来，在

---

① BURNS T. Natural Law and Political Ideology in the Philosophy of Hegel ［M］. Aldershot：Avebury，1996：15-16.

② 李红海．普通法的历史解读——从梅特兰开始［M］．北京：清华大学出版社，2003：245.

③ ROBINSON O F. An Introduction to European Legal History ［M］. Abingdon：Professional Books Limited，1985：208.

④ 考文．美国宪法的“高级法”背景［M］．强世功，译．北京：生活·读书·新知三联书店，1996：55.

"邦汉姆医生案"（Dr. Bonham's Case，1610）中，大法官爱德华·柯克（Edward Coke）将普通法的宪政价值明确为：如果议会的行为背离基本人权和理性，那么普通法应对这一行为进行监督控制，并宣告它无效。① 同时，他还提出了普通法法官可以依法宣告国会法案无效的主张。虽然柯克的主张并未在英国变成稳定的制度，但他的法律至上学说和"以人权和理性作为约束议会的基本原则"② 的思想最终在美国得以实现。麦迪逊所提出的依据成文宪法设置国家机构并规范权力行使，以及设置独立的司法机关并赋予其宪法解释权、宪法审查权等具体的政治主张，都是对以柯克为代表的英国法学家的宪政思想的继承与发展。

分权制衡是英国宪政制度的基本原则，其理论与实践的渊源同样可追溯至古希腊时期。古希腊雅典时期，由城邦公民（除奴隶、外邦人和妇女外）组成的公民大会是城邦的最高权力机关，其常设机构为"五百人议事会"；由公民大会直接选举产生的执政官掌握城邦的行政权；城邦另设与执政官同级别的陪审法庭，法庭的法官由选举产生，且享有向公民提起诉讼和以投票方式进行判决的权力。后来，以亚里士多德、波利比阿为代表的古典共和主义理论家在参考雅典政体模式的基础上，阐释了古典共和主义的"混合均衡政体"（mixed and balanced constitution）理论，该理论是现代西方社会分权制衡理论的重要思想渊源。然而，在漫长的中世纪，这些宝贵的政治思想被湮没在强大的教权统治之下。13 世纪开始，远离罗马教廷的英国率先建立了国会，君主的权力也开始得以加强。至中世纪晚期，基督教内部的派别斗争和教会成员的腐败行为所导致的教权式微以及城市经济的发展等一系列因素，共同

① 庞德．普通法的精神［M］．唐前宏，等译．北京：法律出版社，2001：52.

② 伦斯特洛姆．美国法律词典［M］．贺卫方，等译．北京：中国政法大学出版社，1998：26.

推动英国发展成为王权主导下的现代民族国家。但在很长一段时间里，王权与教权之间的矛盾与冲突依旧存在。与此同时，王权与贵族、贵族与教权间也互有利益的冲突与妥协。这三种政治力量之间的相互牵制抑制了政治专制的产生，也为新兴资产阶级的壮大和城市自治权的发展创造了可能。

随着社会生产力水平的不断提高，资本主义生产方式和新兴资产阶级在英国产生并不断地发展、壮大，而文艺复兴、宗教改革等社会运动又成为新兴阶级维护自身权益、对抗封建专制统治的思想武器。此时的英国社会正在孕育全新的社会形态，面临全方位的社会变革。在这次社会变革中，国王、教会、贵族和新兴资产阶级的力量相互斗争、彼此制约，它们中没有一种力量可以独大，因此，政治的妥协与利益的结盟成为可能。古典共和主义所主张的"混合均衡政体"被此次社会变革赋予了全新的内涵和生命力，同时，自然法的内涵也逐渐从中世纪的"自然义务本位"演变为具有资本主义色彩的"自然权利本位"。洛克借用自然法的观念提出了"天赋人权""有限政府""人民主权"等自由主义的政治主张，这些思想为英国的议会制君主立宪政体提供了合法性论证，也为麦迪逊创设美国的政治体制提供了灵感与借鉴。在英国，受历史传统与政治文化的影响，议会"是主要的自治工具"①，它由通过世袭、册封和推选方式产生的贵族、大主教等组成的上议院，以及由平民普选产生并代表资产阶级利益的下议院组成。议会执掌国家的最高立法权、财政权、审判权和政府任免权；内阁政府由议会产生，并依据议会主权原则集体对下议院负连带责任，同时，它在议会制定的法律和授权范围内活动；司法审判权主要由独立的司法部门承担，但上议院是

① 詹宁斯．法与宪法［M］．龚祥瑞，侯健，译．北京：生活·读书·新知三联书店，1997：196.

国家的最高上诉法院并掌握国家的最高司法审查权。

可见，英国并未实行严格的“三权分立”制度。同时，其国会上下两院分别代表了不同阶级的利益。此外，英国缺少独立成文的宪法典，也没有“制宪权”（constitutional power）一说。英国的宪法由宪法性法律和宪法惯例组成，它们“或来自寻常立法机关，或来自寻常法院，甚至来自政治习惯”①。但这些并不影响英国成为近代西方社会的分权政体和宪政制度的重要发源地。美国的革命者和建国者也从与1688年英国“光荣革命”密切相关的宪政主义、宗教信仰自由和资本主义工商业发展等理念中汲取灵感，并创设了全新的联邦共和政体。制宪会议、成文宪法、联邦主义、司法部门掌握宪法审查权，以及建立在职权差异基础之上的三权分立制度，是美国的宪政制度对英国宪政传统的超越与发展。

二、原北美英属殖民地的政治实践

从15世纪新航路开辟起，各欧洲强国相继侵入美洲大陆，并建立了自己的势力范围。为争夺世界领导权和获得更多的经济利益，从1607年到1733年，英国先后通过公司式（corporation）、业主式（proprietary）和契约式（compact）三种模式建立了13个北美殖民地。英属北美殖民地上的居民大多来自英国，除此之外，也有来自法国、德国、荷兰等欧洲国家的移民以及大量被以奴隶身份贩卖来的非洲黑人。欧洲移民中除少数土地贵族和特权商人外，大部分都是处于社会中下层的普通民众。这些人在北美大陆找寻新的发展机遇的同时，也把欧洲的政治传统与先进的政治理念带到了北美大陆，为殖民地自治模式的形成奠定

① 戴雪．英宪精义［M］．雷宾南，译．北京：中国法制出版社，2001：3.

了基础。

移民的大量涌入使北美大陆的耕地延伸至边远的蛮荒森林，无数不曾被历史记载的人成为北美大陆最伟大的先驱开拓者。在垦荒的岁月里，他们质朴耐劳、果敢坚定，并以旺盛的精力挑战一切未知的地域。拓荒的岁月虽然原始又乏味，但这种生产方式和生活方式孕育了北美大陆特有的“农业平均主义”和“经济个人主义”①，它们与后来北美独立战争所宣传的“天赋人权”“社会契约”等自由主义的政治理念自然契合。在一定程度上，美国的民主理念正是以这种社会环境所决定的自耕农式的生产方式为经济基础的。此时的北美大陆并未形成统一的国家政权，维系人与人之间关系的主要纽带是各种宗教信仰。其中，多数的欧洲裔移民信奉新教，但也不乏罗马天主教教徒和犹太教教徒，而新教也存在众多教派分支，再加上北美原住民和非洲裔移民的特殊宗教信仰，北美大陆成了宗教信仰最多元化的地区。因此，宗教信仰问题一直是美国社会的重要政治问题。在此问题上，麦迪逊坚决主张“宗教信仰自由”和“政教分离”的自由主义原则。

早期的北美殖民地与母国的关系极为松散，英国对北美殖民地主要实行商业控制而非领地控制。其原因在于，英国在北美大陆的拓殖活动主要由包括商人、宗教领袖、冒险家在内的社会人士来推动和实施。此外，17 世纪的北美大陆在英国的殖民收益中所占份额极为有限，再加上距离英国路途遥远、交通不便等原因，英国王室更愿意通过向私人或组织授予殖民特许状的方式获得宗主国地位。因此，各英属殖民地的自治程度都比较高。与此同时，各殖民地在建立方式、经济形态和管理方式等方面的差异也使它们之间分而治之。在独立战争爆发前的一百多年

① 帕灵顿．美国思想史（1620—1920）［M］．陈永国，等译．长春：吉林人民出版社，2002：128.

里，英属各北美殖民地的政治自治与相互间的分而治之也被不断巩固。但是，英国王室毕竟是各殖民地获得“合法”地位并彼此联结的重要政治纽带。英王可以向殖民地派驻总督，同时，王室也授予所有殖民者及其后代均享有“作为英国人”的诸种权利。这些权利主要源自英国的普通法传统，并在英国 1688 年“光荣革命”后颁布的《权利法案》中有详细列举。这部为限制英国王权，保障贵族、僧侣与市民阶级权利而起草的法律文件既是英国宪法的重要组成部分，同时也是美国《权利法案》借鉴的蓝本。

英国对北美的殖民政策与其本土的政局变化休戚相关。在英国内战至克伦威尔的清教共和国（1642—1659）时期，英国王室和议会均无暇顾及北美殖民地事务，殖民地的自治机构借机发展。1660 年王朝复辟后，英国在与其他欧洲国家的贸易竞争中逐渐意识到了北美殖民地的重要战略地位，英国王室和议会也开始关注殖民地事务，但此时的英属北美殖民地已经有能力维护自身权益。掌握立法权的殖民地议会开始从地方利益出发进行政治决策，由赋税等经济问题引发的殖民地与宗主国间的矛盾已初见端倪。同时，英国的 1688 年“光荣革命”对大西洋两岸的英国领土都产生了深远影响。在英国本土，建立在资本主义财产私有制基础之上的国家理论兴起，议会剥夺了王室的征税权和军事权，议会制君主立宪政体逐渐在英国形成。与此同时，“光荣革命”也使洛克的自由主义政治理论在北美大陆广泛传播，这一新兴资产阶级对抗封建专制制度的思想武器也成为后来北美英属殖民地反抗英国殖民统治的精神旗帜。正如王希教授所说：“对于殖民者来说，‘光荣革命’在某种意义上证实了北美政治体制的合理性。”①

① 王希．原则与妥协：美国宪法的精神与实践［M］．北京：北京大学出版社，2005：26.

在独立战争爆发前，多数英属殖民地政府都形成了与英国的君主、上议院和下议院的“三足鼎立”相类似的总督、参事会和议会的三种政治力量。其中，总督一般是英王利益的直接代表者，他拥有一定的官员任命权和军事权；参事会通常由少数的殖民地上层人士组成，其职责主要是为总督提供咨询；议会是唯一代表殖民地人民利益的政治机构。洛克的政治理论和英国的议会制政体为殖民地议会地位的确立提供了有力支持。至 18 世纪初，英属北美殖民地的实际权力已经掌握在了殖民地议会的手中，正如研究美国建国史的著名学者戈登·伍德所说：“王权大多只在美洲生活的表层运作，掩盖着行政权力机构分散化以及组成殖民地核心统治的权力地方化这种混乱的现实……对于殖民地居民来说，王权似乎总是外部强加进来的权力，是同他们的地方机构，尤其是同他们的地方议会相抵触的力量。”①

三、北美独立战争与建国十年的政治实践

1756 年至 1763 年，欧洲发生了英普同盟与法奥俄同盟为争夺殖民地领土和世界霸权而进行的战争，即所谓的“七年战争”（Seven Years’ War）。这场战争结束后，英国虽然取得了加拿大和法国割让的密西西比河以东的所有领土，但连年的战争也让英国负债累累。因此，英国借机加强了对北美殖民地的经济控制，并增加了一定的行政与军事监管。从 1764 年的《糖税法》开始，英国议会先后颁布了多项强化殖民地税收的法令。这些法令不仅侵犯了商人的利益，也激起了普通民众的反感，他们开始自发地加入商人的抗议活动中。此时，“无代表权无纳税”（no taxation without representation）的英国政治传统被殖民地人民

---

① 伍德．美国革命的激进主义［M］．傅国英，译．北京：北京大学出版社，1997：110-111.

借以捍卫自身的权益。后来，这些抗议活动逐渐演变成了围绕殖民地与宗主国间合理、互利关系的论战。在这次论战中，“各种书面表达媒介都得到了运用”①。刊登在报纸、传单、海报和小册子上的各种政治主张与政治辩论被人们反复地提及和讨论，这些政治宣传对鼓舞殖民地人民积极反抗英国的殖民统治和建立独立主权国家起到了不可估量的作用。这场由每个共同体和具有政治意识的个人参与的全国性大论战，是此前已经发生的每一事件的续篇和随之而来事件的前奏。② 因此，也有学者将《联邦宪法》的起草与颁布视为“美国革命期间关于宪法的论战、争论和改革的最高点”③。

1772 年至 1774 年，各殖民地先后联合组织了各种商业协会或委员会以抵制英国的经济控制，而英国的镇压活动则更加助长了各殖民地的斗争与联合。随着抗议活动的升级，起初并未有革命目标的抗议者们也有了观念上的转变。这场由殖民地自治政府与其“不在家的家长”间的税收管辖权纠纷，最终演变为殖民地人民对宗主国的君主立宪制原则的公开挑战。杰斐逊所撰写的《英属殖民地权利概观》既公开批判了英王的劣行，又系统阐述了殖民地人民的权利，这为各殖民地的联合斗争奠定了思想基础。1774 年 9 月，第一届大陆会议在费城召开，来自 12 个殖民地的 56 位代表出席了会议，其中包括华盛顿、约翰·亚当斯等美国的开国领袖们（founding fathers）。第一届大陆会议向英王呈递了《和平请愿书》，还通过了亚当斯起草的《权利宣言》和断绝与英国的

---

① 贝林. 美国革命的思想意识渊源［M］. 涂永前，译. 北京：中国政法大学出版社，2007：1.

② 贝林. 美国革命的思想意识渊源［M］. 涂永前，译. 北京：中国政法大学出版社，2007：2.

③ 雷克夫. 宪法的原始含义：美国制宪中的政治与理念［M］. 王晔，柏亚琴，等译. 南京：江苏人民出版社，2008：19.

贸易往来的决议。

到1774年年底，大部分殖民地都驱逐了英王派来的总督，并相继改组了地方议会。1775年5月，第二届大陆会议召开，与会代表66人，新代表中有富兰克林和杰斐逊。此时，以潘恩的《常识》为代表的论证革命与独立之必要性的政治小册子也在北美大陆得到了广泛传播，各种有利条件共同推动了各殖民地的共同革命活动。而大陆会议也成了战时的“中央”政权机关。1776年7月4日，大陆会议通过了杰斐逊起草的《独立宣言》，宣布北美13个英属殖民地脱离英国的殖民统治。《独立宣言》将当时人们普遍接受的“天赋人权”和“社会契约”等自由主义的政治主张从抽象的理论具体化为现实的政治原则，而宣言中的语句也被后来争取民主权利的人们经常引用。1783年9月，殖民地派驻代表与英国签署了《巴黎协定》，英国正式承认13个殖民地从此为“自由、拥有主权并独立的国家”（free, sovereign and independent states）。该协定明确了美国的领土范围，并首次将独立的北美13个州称为“美利坚合众国”（The United States of American）。但在当时，新国家的领袖们对于美国未来的国家结构和政府组织形式尚没有明确的设想。

这场由商人发起的税收抵抗运动最终演变成了具有“平均主义”倾向的人民大众广泛参与的政治独立运动。在此次运动中，一些商人也开始惧怕被他们无意激发出来的人民大众的革命力量。政见的分歧在不同的阶层中产生，一部分有产者逐渐转化为社会的保守势力，他们坚决抵制独立革命引发的民主浪潮，有人甚至主张建立君主立宪制政体。而在当时的西方社会，民主也常被贬称作“暴民统治”（mob rule），多数政治家和政治思想家都认为平民百姓的职责是缴纳赋税和遵纪守法，而政策的制定只能是属于少数人的特权。

北美独立战争加速了各州共同意识的形成和成文宪法的起草。各州宪法均以人民主权、自然权利、社会契约的基本政治理念为基础，并继承了“立法权至上”的英国宪政传统，设置了由任期制的人民代表组成的立法机关。同时，各州并未设立独立的行政机关，这在某种程度上也“反映了先辈殖民地居民对在英国统治下就已被滥用的行政权的不信任”①。需要指出的是，各州都不约而同地规定只有有产阶级中的白人男性才有选举权，而占人口大多数的妇女、有色人种与无产者则被排除在选举过程之外。此外，出于对权力的不信任，大多数州都通过了自己的《权利宣言》，这些宣言对后来美国《权利法案》的起草和通过产生了重要的影响。

独立后的美国面临着建立一个怎样的政府以处理州际关系问题和外交问题的重大挑战。1776 年 6 月 7 日，来自弗吉尼亚州的代表曾向大陆会议提交了一份建立统一邦联政府的建议。大陆会议随即成立了相关的起草委员会，但该委员会对邦联政府组织形式的草案设计进行得并不顺利。由于历史的教训和当时的政治理念的局限，委员会代表普遍担心邦联政府的权力会侵犯各州的主权，同时，各位代表在邦联国会的代表分配比例、各州分摊战争费用的数额以及西部土地的管理权等方面，也存在着严重的意见分歧。此时，南方的种植园主与北方的工商业资产阶级，以及大州与小州之间的利益冲突已初见端倪。最后，该委员会决定建立一个权力有限的弱势的邦联政府。1777 年 11 月 15 日，委员会提交的《邦联和永久联合条例》即《邦联条例》（*Articles of Confederation*）在大陆会议获得通过。之后，该文本也被交付各州议会待批准。1781 年 3 月，马里兰州作为最后一个州批准通过了《邦联条例》。至此，

---

① 纪念美国宪法颁布 200 周年委员会．美国公民与宪法［M］．劳娃，许旭，译．北京：清华大学出版社，2006：56.

《邦联条例》正式生效。

《邦联条例》以成文法的形式明确了各州的独立主权及相互间的政治结盟关系。从性质上看，它与当时的各州宪法和后来的《联邦宪法》均有不同，更像是殖民地时期的“新英格兰联盟条例”。因此，它所建立的不过是一个松散的政治联合体。在内容上，各州依旧保留主权，邦联政府仅设一院制的立法机关，但该立法机关缺乏必要的财权、税权、军事权与外交权，因此，它也无法控制各州政府和普通民众。《邦联条例》下的各州自行铸币、征税和管理财政，导致州级间关卡林立、币制紊乱，这严重影响了邦联经济的发展。同时，由于邦联政府无权迫使各州政府执行自己与他国签署的贸易协定，很多国家纷纷终止了与美国的贸易关系。而新政府因无力支付战争费用又不得不向各州政府或其他国家举债，这也加重了各州政府的财政危机。最终，战争费用通过人头税转嫁到了贫苦民众的身上。纸币贬值以及通货膨胀的灾难更是把广大民众推向了破产的边缘，这些人被迫揭竿而起，全美各地平民起义风起云涌，其中包括美国历史上著名的“谢司起义”（Shays’Rebellion）。此外，在对外关系中，邦联政府也因权力分散而十分软弱，常常遭受欧洲强国的欺凌。后人曾这样描述当时的美国：“在各州，债权人与债务人之间的冲突日益尖锐，外国威胁依然存在，被英国和西班牙统治的地区包围着这个新成立的国家，而这个国家由于内部分裂和缺乏强有力的中央政府，正成为一个诱人的战利品。”①

经济无力发展，社会难以稳定，接连不断的人民起义更让美国的有产阶级意识到了现存的邦联政府的力量过弱，他们决心改变邦联制政体在政治与经济上的分散状态，并建立一个强有力的中央政权以应对国家

① 伯恩斯，等．民治政府——美国政府与政治［M］．吴爱明，李亚梅，等译．北京：中国人民大学出版社，2007：18.

内外交困的局面，这种意识逐渐汇集为共识。1787 年 5 月，由麦迪逊积极倡导和组织的制宪会议召开。也正是在这种历史背景下，麦迪逊的具有多元主义（pluralist）特色的政治思想逐渐形成。这种思想的实质是要在美国建立一个代议制、联邦制的共和国。

第二节 理论渊源

麦迪逊的政治主张与建国理念深受西方古典共和主义思想、经典自由主义理论和加尔文新教伦理的影响。其中，经典自由主义理论居于主导地位。麦迪逊对美国建国初期的经济形势的判断、对公民道德的理解，以及对政府组织原则的设想都体现了其鲜明的自由主义主张。在具体的制度设计上，他又继承了古典共和主义理论对“混合均衡政体”的偏爱，并将之发展成为适合资本主义生产方式的现代“分权制衡”政体模式。而加尔文新教的“原罪”思想则深深地影响了麦迪逊的人性观，也使他对普通民众的政治参与能力和直接民主制一直怀有偏见。

一、古典共和主义思想

共和（republic）一词来源于拉丁文“res publica”，意指“共同的、集体的事务”。作为西方最为古老的一种政治文化传统，共和主义（republicanism）是与君主制（monarchy）相对而言的。在西方的传统君主制国家，君主对其臣民拥有绝对的权威，同时，国家被视为君主的私人财产；而共和主义则反对君主专制，它认定政治权威最终来自人民同意的原则，并认为公民享有参与政治决策和处理公共事务的权利。因此，它将国家视为“公民为着共同的善所从事的一项共同事业（公有物）”①。

共和主义的理论与实践可追溯至古希腊、古罗马时期。在考察希腊各城邦政治制度的基础上，柏拉图和亚里士多德阐述了包含公民美德、混合政体和直接民主等古典共和主义（classical republicanism）的核心理念。后来，经西塞罗等古罗马思想家的系统阐述和古罗马共和国的政治实践的影响，古典共和主义思想达至辉煌。但随着古罗马走向帝制，共和主义的政治理念逐渐式微。至中世纪后半叶的文艺复兴时期，伴随着古典人文主义的复苏，共和主义的理念得以回归，包括马基雅维利、詹姆斯·哈林顿（James Harrington）、约翰·弥尔顿（John Milton）在内的政治思想家对古典共和主义的政治理论不断地进行着阐释，而后，启蒙时代的卢梭被认为是古典共和主义的最后一位杰出代表。二战以后，学者汉娜·阿伦特（Hannah Arendt）、J. G. A. 波考克（J. G. A. Pocock）、迈克尔·桑德尔（Michael Sandel）、佩蒂特（Philip Pettit）等人在批判资本主义社会的过程中，再次复兴共和主义的基本主张。他们的主张已经融入了自由主义和民主主义的部分理念，因此，此时的共和主义也被称为“新共和主义”（new republicanism）或“现代共和主义”。而麦迪逊的政治思想则被认为代表着共和主义的政治理论从“古典”到“现代”的重要转变。

美国学者波考克将古典共和主义的政治理论概括为：公民是“政治动物”（political animal），生活在崇尚美德（virtue）的公共生活当中，并积极地参与城邦政治、行使集体权力，必要时可以为公众利益牺

① 米勒，波格丹诺．布莱克维尔政治学百科全书［M］．北京：中国政法大学出版社，1992：650.

牲个体利益。① 可见，古典共和主义包含着以下基本原则：

第一，古典共和主义认为国家的根本原则是“天下为公”，而非“公私分离”。亚里士多德将城邦视为由自由人组成的社会团体，他指出：“以群众为统治者而能够照顾到全邦人民公益的，称为‘共和政体’。”② 而西塞罗则直接以“共和国”（common-wealth）的概念取代了亚里士多德的“城邦”概念，他指出，“共和国是人民（或共同）的事业”，而国家则是“很多人依据一项关于正义的协议和一个为了共同利益的伙伴关系而联合起来的一个集合体”③。可见，古典共和主义强调政府的公共性和中立性，并将政治共同体视为实现人民共同利益（common interest）的机构。因此，它否认私人利益与集体利益的冲突与矛盾，并始终强调集体利益的优先性。该主张与将国家视为私人利益竞争之舞台，并认为个人权利先于国家权力的自由主义政治主张存在着根本性的差异。

第二，古典共和主义强调国家与社会的利益先于个人的自由。古典共和主义者在古代共和国政权的频繁更迭中意识到，自由并非天赋，个人的自由和独立必须以国家的内外安全与主权独立为前提。因此，古典共和主义将保卫国家领土安全和积极参与政治生活视为公民的双重义务，并认为公民的军事战斗能力与政治自治能力可以相互促进。同时，它认为军事战争和政治参与活动又有利于公民个体的自我完善，有利于坚韧、勇敢、节制、团结、互助的公民美德培育，而这些公民美德才是国家存续和发展的真正动力和条件。因此，很多古典共和主义者都将罗

---

① POCOCK J G A. The Machiavellian Moment：Florentine Political Thought and the Atlantic Republican Tradition［M］. Princeton：Princeton University Press，2003：28.

② 亚里士多德. 政治学［M］. 北京：商务印书馆，1997：133.

③ 西塞罗. 国家篇·法律篇［M］. 北京：商务印书馆，1999：35.

马帝国的衰落归咎于常备军的建立。在他们看来，公民身份与士兵身份的分离既让公民失去了培养意志品质的重要途径，又让他们时刻面临常备军的政治威胁。

第三，古典共和主义倡导结合君主制、贵族制和民主制各自优势的“混合均衡政体”。政体是公共生活展开的制度框架，作为秩序的前提，其好坏标准虽可从多方面进行考察，但其最为核心的标准应是政治共同体的持久性，即好的政治制度应当是能长治久安的制度。① 因此，古典共和主义者认为好的政体应当摆脱治乱循环，并兼具君主制、贵族制和民主制三者的好处。在他们看来，君主、贵族和平民均有各自的政治价值，如果他们分享政治权力，那么每个阶级和阶层的利益与意志都会得到关注；同时，他们又能够彼此牵制，进而避免政治腐败，实现共和国的公共性、公平性和中立性。可见，混合均衡政体的根本精神在于将大众的美德、精英的智慧和君主决断的效率结合，从而“不至于有这三种形式单独存在时所必然有的弱点”②。

第四，古典共和主义关注包括公益心、荣誉感和爱国主义等在内的公民美德（virtue），其本质是政治领域中的“公德”与“公共精神”。它认为“为了保证自由的价值得到维护，首先需要促进的与其说是有效的组织和法律结构，不如说是全体人民的公民自豪感和爱国精神”③。在古典共和主义者看来，人是政治的动物，而“政治生活的重大意义之一就在于每个自由人都进入公共空间，他们不仅展示自身，同时也接

① ARENDT H. The Origins of Totalitarianism [M]. San Diego: Harcourt, 1975: 467.

② 斯金纳．近代政治思想的基础：上卷［M］．奚瑞森，亚方，译．北京：商务印书馆，2002：290.

③ 斯金纳．近代政治思想的基础：上卷［M］．奚瑞森，亚方，译．北京：商务印书馆，2002：272.

受他人的考量，这样，每个人既是表演者，又成为欣赏者”①。可见，古典共和主义将政治参与和公民的道德、伦理统一在一起。在此基础上，其自由观更倾向于强调公民直接政治参与和社群自治，以及带有集体主义倾向的“积极自由”观；它既包括个人意志和思想的自由，也内含着政治行动的自由，以及通过服从于自己制定或同意的法律而获得的和感受到的自由。

总之，作为西方最为古老的政治文化传统，古典共和主义思想内含“（公）共”与“和（平）”的政治理念与政治主张。其理想政体的实现既离不开政治制度的保障，也离不开公民的“公德”和对共同善的追求。因此，制度设计和公民美德是其实现公民自由和社会稳定与进步的两个必要条件。在实践中，古典共和主义政体控制的区域相对较小、社会构成较为单一，这与古代西方的社会生产方式、雇佣军和集中的官僚控制系统的不完备相适应。因此，绝大多数的古典共和主义者都“主张小的、生活简朴的农业共和国”②，他们推崇农业生产方式，并认为自由农民（agrarian freeholders）占主体的小共和国才会产生高尚和纯真的道德，而工商业发展和城市生活方式则会使社会中的某些人不得不依附于另外一些人，而这不利于社会公德和共和政体的维系。需要指出的是，古典共和主义者毕竟不是今天的民主主义者，由于时代和理论的局限，这些人并不完全信任普通民众的理性与能力，他们认为“人们自然本性的不平等是一个最基本的观念”③，因此，人天然有贵贱贤愚

---

① ARENDT H. The Human Condition [M]. Chicago: The University of Chicago Press, 1998: 57.

② STEWART J B. The Moral and Political Philosophy of David Hume [M]. New York: Columbia University Press, 1963: 297.

③ CARLYLE R W, CARLYLE A J. A History of Mediaeval Political Theory in the West [M]. New York: Barns and Noble, 1951: 7.

之分。可见，虽然“共和主义十分重视普通民众，但是它在由什么人执掌政权这方面仍然保留了传统的贵族倾向”①。正如哈林顿所说的：“共和国的智慧在于贵族，共和国的利益在于全体人民。”②

古典共和主义蕴含了近代西方的重要政治理念与价值选择：民主、自由、平等、法治、宪政等。在某种程度上，它与自由主义的区别在于对这些政治价值优先性选择的差异上。共和主义认为集体优先于个人，平等优先于自由。而在政治实践层面，古典共和主义的理念在新兴资产阶级反封建、反专制的斗争和建立现代国家政权的过程中也起到了极其重要的作用，它对自由主义政治哲学的产生和发展影响深远。可见，共和主义“远不是反自由主义的，它在反对旧世界的斗争中用一套极其重要的公民词汇装备了自由主义”③。伴随资本主义生产方式的产生、现代国家疆域范围的扩大，以及国家与社会、公共领域与私人领域、政治与宗教二元分化理念的产生，共和主义逐渐与民族国家自治的需要相结合，与崇尚个人主义、自然权利观的自由主义相结合。有学者指出：“政治经济学和经济增长的核心地位开始成为洛克之后的新自然权利共和主义的核心特征之一。”④

麦迪逊恰恰处于共和主义理念从“古典”向“现代”转变，并与自由主义“联姻”的重要时期。一方面，他继承了古典共和主义政治理念对国家主权独立、政府权力的公共性、公民道德、混合政制模式以及法治的关注；另一方面，他深受启蒙思想的影响，并结合自由主义的

① 伍德．美国革命的激进主义［M］．傅国英，译．北京大学出版社，1997：105.
② 哈林顿．大洋国［M］．北京：商务印书馆，1981：25.
③ 艾萨克．再思考：共和主义 vs 自由主义［C］//马德普，金里卡，等．中西政治文化论丛：第 4 辑．天津：天津人民出版社，2004：231.
④ 扎科特．自然权利与新共和主义［M］．王崇兴，译．长春：吉林出版集团有限责任公司，2008：361.

个人权利优先、“自由放任”（laissez-faire）的市场经济等主张，以及与资本主义生产方式相适应的新教伦理思想，对古典共和主义进行了富有“现代性”的改造。具体来看，这种改造包括以下六方面：第一，在国家结构形式上引入了联邦制，拓展了共和国的治理范围；第二，将直接民主改造为代议制民主，实现了在广阔疆域中实现公民自治的可能；第三，将建立在阶级对立基础之上的混合均衡政体学说，改造为建立在权力职能分化基础之上的“分权制衡”政治体制；第四，强调以宪法为基本法进行政治制度设计和规范权力的行使；第五，将集体主义价值取向的公民美德观，改变为以个人主义为核心、以政治去道德化为特征的自由主义价值观，鼓励价值追求和利益追求的多样化；第六，以现代西方政治的国家与社会、公共领域与私人领域的二元对立为基础，强调利益集团在整合公民利益、表达社会意见和影响政治决策中的重要作用。

麦迪逊试图将古典共和主义加以改造后与自由主义相融合，但在这个过程中，他又不可避免地抛弃了古典共和主义强调集体主义等核心价值的一些因素，而这也正是他与卢梭、杰斐逊不同的地方。诸如波考克等一些西方著名学者认为，麦迪逊力图将古典共和主义与自由主义的精华因素（如强调人权、思想言论自由等）相融合，而杰斐逊的政治主张中很好地保留了古典共和主义强调集体主义、强调政治与美德之不可分割的合理与优秀的因素。这正是杰斐逊的思想超越麦迪逊思想的一个重要方面。

二、经典自由主义理论

现代自由主义理论在启蒙时代形成与发展，它既是新兴资产阶级对抗封建专制统治的道德支持和思想武器，也为后来掀起的资产阶级革命与国家政权重建进行了合法性论证。现代自由主义者反对重商主义，他们认为国家的真正财富不是金银总量的增加，而是国民所创造的商品服务数量的增多。这些自由主义者支持个人先于国家存在的政治哲学，强调公民权利、私有财产，并主张自由放任的经济政策、法治之下的有限政府和政治分权原则。这些思想被统称为“经典自由主义理论”（classical liberalism），以与19世纪70年代出现的强调国家干预和社会福利的“新自由主义思想”（new liberalism）相区别。洛克和孟德斯鸠是经典自由主义政治理论的代表人物，他们的政治思想为麦迪逊创建联邦共和政体提供了理论指导。

（一）洛克的政治思想

洛克是自由主义的奠基人，其政治学说几乎包括了自由主义政治理论的所有基本原则。他以自然法、自然权利、社会契约等理论论证政府的产生与运作，其人性观、财产权理论、人民主权思想、法治与分权理论反映了他的清教徒背景和身为辉格主义者的政治立场，这些思想也深刻地影响了麦迪逊。

各种不同的人性观往往是政治思想家们阐发其政治思想的逻辑起点。在洛克看来，人的心灵最初就像“白板”（blank slate），人的知识和道德上的善恶观念并不是天生的，而是后天形成、从经验中获得的。洛克认为：一方面，人天生具有趋利避害的倾向，因此需要一定的外在约束，即国家需依靠制度和法律对其进行制约；另一方面，人又具有理性，能够权衡得失，并懂得达成共识、建立规范与准则的必要性，因而愿意在一种更高权威的指导下来遵守规则、履行义务。由此，国家政府才得以产生。麦迪逊的人性观与洛克的极为相似，这种人性观和以此为基础阐发的“自然权利”“社会契约”“人民主权”等自由主义的政治理念也成为美国革命的精神旗帜。

洛克认为，人类在进入文明社会之前处于一种自然状态。但与霍布斯不同的是，他认为自然状态中的人们是平等的，并依靠自然法即理性来防止彼此可能出现的侵害，从而自由、平等共处。在这种状态中，人类具有某些权利，即被洛克称为“自然权利”（nature rights）的生存权、自由权和财产权。由于每个人都是其自身权利的保护者，所以自然状态中并没有更高的权威来解决人与人之间的纠纷。在洛克看来，自然状态又分为两个阶段，其划分的标志是货币的出现。在货币出现前，人与人之间基本平等，相互之间的矛盾与纠纷也并不严重，因此可以通过自然法维持社会生活秩序。但是，货币的出现激励了私有财产的积聚，加速了土地的私有化，扩大了财产的不平等，而那些没有土地的人又需要将自己的劳动出卖给土地占有者，这样，人与人之间的矛盾与斗争也在不断加剧。可见，由于货币的出现，原本个人有限的财产权变成了“占有无限财产的无限权利”①。此时，一个外在的中立裁判者的作用逐渐凸显。为了维护社会秩序、保障自身权利——尤其是财产权，理性的人类发觉了契约的妙处。这样，建立一个基于被统治者同意的有序政治社会成为挽救人类社会的最好方式。

平等是订立“社会契约”的前提和保证，这包含两个层次的内容：第一，订立契约的个体平等，他们同等地把自身依据自然法所享有的裁判自身案件、惩罚罪犯和获得赔偿的权力委托给一个公共权力机构——政府；第二，公民和政府也是平等和相互制约的，契约要求公民和政府均履行特定的政治义务。这样，政府的权力来自人民的委托，其存在的唯一目的是保护公民的自然权利，政府按此行使职权，如果其违背契

① 刘鸿鹤．论洛克的自然权利学说［J］．人权，2002（5）：45.

约，侵害了个人权利，人民就有充分的理由组织起来进行抵制、反抗甚至革命。对此，洛克这样论述道，“社会始终保持着一种最高权力，以保卫自己不受任何团体，即使是他们的立法者的攻击和谋算”①；“在一切情况下和条件下，对于滥用职权的强力的真正纠正方法，就是用强力对付强力”②。可见，与霍布斯一样，洛克也认为国家“权力是虚弱的个人用以保护他们各自权利而构建的创造性的设置”③，是维护个人权益的“必要的恶”，所以，个人权利先于国家权力，同时，国家权力应是有限且受制约的。洛克的有限政府理论得到了美国立宪者的普遍认同，麦迪逊所起草的美国《联邦宪法》和《权利法案》中充分表现出对政府的不信任和对个人权利的保护的理念，均可被认为是经典自由主义的“有限政府”理论的延伸。

在洛克看来，财产权是自然权利中最基本的权利，而生存权不过是保障个人财产不受侵犯的权利，自由权则是个体享有处置自身全部财产的权利。同时，他通过“劳动起源论”和自然法、自然权利等理念对立足于早期商品经济关系基础之上的财产权进行了辩护。洛克认为，人既是自身的所有者，又是劳动的所有者，所以就必然是其劳动所得物的所有者。他的自由观、政府观与其私有财产权理论紧密相关：第一，劳动创造私有财产，拥有财产即意味着实现自由，享有自由又可不断积累财富，这样，财产权就成为个人获得自由与完整人格体系不可分割的组成部分；第二，人通过劳动获得了对于其财产的无可争论的权利，所以，如若没有本人允许，他人和政府均无权肆意侵害其私有财产；第

① 洛克．政府论：下篇［M］．翟菊农，叶启芳，译．北京：商务印书馆，2019：92.

② 洛克．政府论：下篇［M］．翟菊农，叶启芳，译．北京：商务印书馆，2019：95.

③ 莫内．自由主义思想文化史［M］．曹海军，译．长春：吉林人民出版社，2004：52.

三，人们订立契约组建政府的唯一目的是保护私有财产，因此，财产划定了个人自由的范围与国家权力的界限。在此基础上，洛克认为自由市场秩序有益于个人才能的施展，并促进社会的发展。麦迪逊的经济观、财产观和洛克的如出一辙，在他的观念中，财产权是最为重要的个人权利；而建立在私有制基础之上的自由市场秩序，才是个人发展、社会均势和政治稳定的根本保证。在本质上，他对社会混乱和势弱的邦联政体的厌恶，对社会均势和政治平衡的偏好，都建立在有产者的财产是否得到保护的评判标准之上。甚至《联邦宪法》对奴隶制的默认，在很大程度上也是囿于时代的局限，麦迪逊将奴隶视为其主人的私有财产，而宪法的这一规定也吸引了南方各州加入新的联邦共和国。

基于对人类理性的坚信和认为真理只有在自由竞争中才能得以明辨的坚持，洛克主张宗教宽容，他认为国家无权干涉有关“人的灵魂的事务”（the care of men’s souls），同时又指出，结社的自由是保护公民监督和对抗政府权力的重要保证。在《论宗教宽容》中，洛克系统地阐释了他的“政教分离”和“信仰自由”主张，他所倡导的宗教宽容思想对宗教信仰自由在西方国家的传播起到了积极作用。其宗教信仰自由和结社自由的自由主义主张也被麦迪逊写入了《联邦宪法》的前十条修正案，即《权利法案》。

麦迪逊的分权制衡与法治思想也可以在洛克的政治思想中找到渊源。洛克认为，限制政府权力必须依靠法治，而最符合法治原则的政体形式应是复合式的，即国家的权力应分为立法权、行政权和对外权，其中，立法权和行政权必须掌握在不同人手中。三种权力之中，立法权是最高的权力，但它不能由人民直接行使，人民无权通过经常性的选举和罢免代表的方式来表达自己的意志；而政府也不能以临时的命令和尚未通过的决议来治理国家、管理民众。在洛克看来，立法权必须交给议会，议会依照法定程序制定和颁布法律来进行国家治理，当然，立法的目的“不是废除或限制自由，而是保护和扩大自由”①。这样，公民的自然权利才能得到最全面和最有效的保护。在一定程度上，洛克的分权思想是对英国“议会主权”的宪政体制的合法性论证。之后洛克的分权思想被孟德斯鸠加以系统论证，后者因此被誉为“三权分立”政治思想的真正创立者。

（二）孟德斯鸠的分权与制衡思想

孟德斯鸠是欧洲大陆最早阐述以法律限制君主权力的政治理论家。在《论法的精神》中，孟德斯鸠完整地阐述了其三权分立理论。在他看来，“一切有权力的人都容易滥用权力，这是万古不变的一条经验……要防止滥用权力，就必须以权力制约权力”②，而每个国家的权力可分为“（1）立法权力；（2）有关国际法事项的行政权力；（3）有关民政法规事项的行政权力”③，即立法权、行政权和司法权。同时，他认为在三种权力分立的基础上，立法权和行政权间需要适度的制约与平衡，而这种权力间的制约又必须是有限的，以避免一个机关对另一机关专断的产生。孟德斯鸠首先认同了洛克关于行政权从属于立法权的主张。与洛克不同，孟德斯鸠认为由于行政权本身受立法权的制约，因此在本质上是受限的，而立法权作为人民主权的合法代表者最容易滥用手中的权力，故在政权结构设置上必须使立法权与行政权在强度与力度上形成一种均势。受英国议会上下两院设置的启发，孟德斯鸠认为立法机关要由两部分构成，即分成贵族院与众议院，两院同时拥有立法权，由此，平民与贵族都可以有权制约对方的权力，同时，法院又与行政权相

---

① 洛克．政府论：下篇［M］．瞿菊农，叶启芳，译．北京：商务印书馆，2019：36.
② 孟德斯鸠．论法的精神［M］．张雁深，译．北京：商务印书馆，2009：154.
③ 孟德斯鸠．论法的精神［M］．张雁深，译．北京：商务印书馆，2009：155-156.

互制约，形成权力的均势和平衡。

和洛克一样，孟德斯鸠也将司法权视为一种执行权。他认为之所以将司法权与行政权区别开，并将其列为与立法、行政权并列的第三种权力，是因为在他看来，行政权是主动的，国家行政部门可以积极主动地管理国家事务和对外事务，而司法权遵循“不告不理”的原则，处于被动的态势。支持司法权的独立，使它可以不受行政机关干涉，也不和立法权的任何部门相结合。司法独立是实现三权分立的政治原则和“以权力制约权力”的重要举措。司法独立的主张是孟德斯鸠对传统分权理论的重要发展。

继洛克、孟德斯鸠之后，麦迪逊将分权制衡的思想创造性地拓展至中央与地方的分权关系中，从而丰富和发展了分权制衡理论。其权力制衡理论的核心意图是以权力制约权力，同时任何权力间的监督与制约又都是双向的。麦迪逊的分权制衡理论更加周密而精致，也更富实用性，因此能被化为美国现实的宪政蓝图，该理论对后来大部分的欧美国家宪政制度的建立也产生了深远的影响。

经典自由主义继承和发展了古典共和主义的诸多遗产，两者的共通之处在麦迪逊的政治思想中得到了充分的体现：第一，在对人性的预设上，两者都不乐观，它们认为人既是具有道德和意志的理性存在物，又是具有情感和欲望的感性存在物；第二，两者均反对专制制度，认为权力的唯一合法性基础是人民，政府由人民建立，向人民负责；第三，两者均有分权制衡的思想，自由主义从自然权利和社会契约理论出发，认为对政府权力加以限制才能实现个人自由，而共和主义则认为，混合政体中权力主体的多阶级化要求权力结构的分化，各机构间的相互制约和平衡有利于不同群体的利益实现。当然，自由主义和共和主义间也存在着差异：自由主义视个人为社会的中心，认为国家不过是为这个中心服务的工具；而古典共和主义将集体的价值置于个人价值之上，认为公共政治生活具有伦理和道德价值。与之对应，自由主义强调自利，强调商业、贸易和技术对社会发展的积极作用，同时，它并不鼓励直接民主制。而古典共和主义则强调智慧、勇敢、雄辩，崇尚无私等美德，鄙视商业和技术，并鼓励公民的直接政治参与行为；同时，它认为只有小国寡民的地方才能实现长久的共和。

麦迪逊试图将经典自由主义理论和古典共和主义思想相结合，设计与创建一个在地域辽阔的大国实行代议制政体的新型的共和制度。虽然他并不支持直接民主形式，但也认为公民道德及其对富有意义的公共事业的追求有益于共和政体。

三、加尔文新教伦理

尽管麦迪逊从未加入过任何教派，又在其政治生涯中极力避免提及他的宗教信仰，但由于成长环境和教育背景的特殊性，特别是唐纳德·罗伯逊和乔治·韦瑟斯普两位精神导师的影响，他依旧可被称为一位虔诚的基督教新教教徒。他对人性的看法深受加尔文新教神学思想的影响。

新教（protestantism）产生于西欧封建体制开始瓦解、资本主义萌芽与发展和人文主义兴起的时期。新教的精神是对天主教会专制与腐败的抗争，而后来又逐渐成为新兴资产阶级反抗封建专制和争取个人权利的有力武器。其中，加尔文宗（Calvinists）是基督教新教的主要宗派之一，而传入英国的加尔文教也被称为“清教”（puritanism）。17 世纪中叶，英国的清教徒运动要求以加尔文的学说为依据改革腐朽的英国国教会，因此进一步推动了新教运动的发展，并促成了诸如长老会、公理会等新教派的产生。随着北美移民的增多，新教也逐渐成为美国教派中的大宗。

加尔文教在路德教（Lutheran church）之后发展壮大。以马丁·路德（Martin Luther）为首的宗教改革倡导者提出“因信称义”，并指出“教会是个病态的组织，从而对中世纪世界的秩序和结构表示质疑。他攻击教皇的权威性，从而有效地证明并不存在单一的教会中心”①。然而，这些主张的提出却给某些国家带来了政治上的混乱，一些人转而寻求强化政治统治所带来的社会稳定。加尔文教恰恰顺应了这种要求，它与路德教的很多观点一致，但它同时寻求恢复神学秩序和政治秩序。该教认为对上帝的信仰与对政治制度的信念并不矛盾，而政府的必要性就在于它能够制约人的欲望与罪性，并确保人在法律之下有序地生活。对此，加尔文指出，“人生活在两种政府之下——一种是精神的政府，它塑造出充满虔敬与侍奉上帝的良心；另一种是政治的政府，它教导人们认识作为人和公民的责任……前一种与灵魂的生活有关，后一种政府则与人们在日常状态中的关切有关……前一种政府位于人的心中，而后一种政府则直接指导外在的行动”②。这样，世俗的政治机构在加尔文新教中获得了道义上的权威。同时，加尔文将上帝的法律和道德的法律均视为“自然法”，他诉诸“自然法”理念，指出了公民服从法律的必要性和制约政治权力的正当性，认为服从法律与积极的政治参与一样，不仅是人的政治责任，同时也是人的宗教责任。

加尔文教认为个人的信仰来自他对《圣经》的独立理解与解释，是个人的内心活动和主观体验，因此，它无须借助其他中介或机构来实现。这种强调信仰的个体自由与自主性的主张后来又滋养了资产阶级的

① 坦嫩鲍姆，舒尔茨．观念的发明者——西方政治哲学导论［M］．叶颖，译．北京：北京大学出版社，2008：184.

② CALVIN J. On God and Political Duty［M］. Indianapolis：Bobbs-merrill，1956：40-41.

个人主义、自由主义精神。同时，与传统基督教对营利性工作的反对不同，加尔文教提出了新的有关工作的“天职”观。它宣称：上帝要求人们积极完成个人在现实中的地位所赋予他的义务与责任，这是他的“天职”；而劳动本身就是一种禁欲主义的修行，“宗教和道德美德中最高尚之点不是从这个世界退缩，而是认认真真履行好管理事业的职责”①。马克斯·韦伯将这种观点概括为“新教伦理”（Protestant ethics）。加尔文教的这些主张均有利于资本主义工商业的发展和市场体系的建立，因此，新教伦理在资本主义发展过程中的作用极其重要。正如恩格斯所指出的，加尔文教“以真正法国式的尖锐性突出了宗教改革的资产阶级性质，使教会共和化和民主化。……加尔文的宗教改革……为英国发生的资产阶级革命的第二幕提供了意识形态外衣”②。

加尔文教所内含的自由精神和鼓励人们投身于世俗事业的理念，及其对北美大陆的影响也成为麦迪逊经济思想和政治思想的重要源流。开荒拓土的北美移民在加尔文教的纲领中找到了激励自身的因素，而新教伦理精神也在北美这些“中产阶级和商人阶级中间找到了它的社会载体”③，在北美大陆，“一种特殊的资产阶级的经济伦理形成了。资产阶级商人意识到自己充分受到上帝的恩宠，实实在在受到上帝的祝福。……此外宗教禁欲主义的力量还给他们提供了有节制的、态度认真、工作异常勤勉的劳动者，他们对待自己的工作如同对待上帝赐予的

---

① 托尼．宗教与资本主义的兴起［M］．赵月瑟，夏镇平，译．上海：上海译文出版社，2006：144.

② 中共中央马克思恩格斯列宁斯大林著作编译局．马克思恩格斯选集：第4卷［M］．北京：人民出版社，1995：256.

③ 托尼．宗教与资本主义的兴起［M］．赵月瑟，夏镇平，译．上海：上海译文出版社，2006：138-139.

毕生目标一般”①。如此一来，新教思想与自由主义分别在宗教伦理与政治哲学两方面，为北美大陆的普通劳动者的艰苦创业和资产阶级在商业生产活动中追求利益最大化提供了合法性论证，也为麦迪逊的经济观、财产观和利益集团思想的形成奠定了深厚的意识形态基础。

与此同时，在早期的美国社会，加尔文教还兼顾社会伦理道德规范者的角色，它倡导人要坚忍、仁慈、谦逊、节制，并具有公共事业心，而“宗教的热情和实用的精明的结合还促进了对赌博、诅咒、过分讲究衣着和大吃大喝放纵自己等行为的抨击”②。麦迪逊赞赏加尔文新教所倡导的这些优秀的道德品质，并努力在自己身上培养这些品质。同时，他并未将宗教信仰与理性隔离开，他深知这两者在增加上帝的荣耀中具有极强的互补性。在其生命历程中，宗教和神学问题曾在不同时期引起他的浓厚兴趣，但他更喜好理性世界带来的稳定感。由宗教与理性培育起来的适度、审慎、平衡的思维特质和行为特征不仅体现在麦迪逊的日常生活中，更融入他的政治哲学思想之中。

而加尔文教对麦迪逊政治哲学最为直接的影响则是基督教的“原罪”（original sin）思想，这对麦迪逊的人性论的形成起着至关重要的作用。与托马斯·阿奎那（Thomas Aquinas）乐观的理性主义不同，加尔文教的教义认为，人自出生的那一刻起就带有罪性，这种罪性无法消除，并且代代相传、永无停止，这种罪即是“原罪”。在基督教教义中，上帝创造了万物，并创造了人的灵、魂、体的完美结构。其中，灵起主导作用，魂与体均伏于灵的掌控之下；而人又通过灵与上帝沟通，

① 韦伯．新教伦理与资本主义精神［M］．于晓，陈维刚，等译．北京：生活·读书·新知三联书店，1987：138-139.

② 托尼．宗教与资本主义的兴起［M］．赵月瑟，夏镇平，译．上海：上海译文出版社，2006：69.

并从上帝那里获得智慧、能力、荣耀、平安等一切美好的东西。然而，在伊甸园中的始祖亚当与夏娃却在外界的诱导下违背了上帝的命令而偷吃了能够分辨善恶的“禁果”。这一罪过将人类与完美的神隔绝开，也使上帝在造人时赋予人的灵性当即消失。不受灵力约束的魂与体丧失了自我约束，失去智慧和能力来源的人性开始以自我为中心，并逐渐堕落。基督教教义中的这段故事影射着人世间所有的“恶”均来源于人的奢望与自身有限性间的矛盾。人类始祖的罪过也成为整个人类的原始罪过，“原罪”被认为是人的思想或行为上犯罪的根源，是人类一切罪恶、苦难、痛苦与死亡的根源。“原罪”的存在使人生而软弱、傲慢、自私、趋利，他们无法有效自制，又经常滥用自我意志，所以有堕落的一面，因而，人性（human nature）极不完美。

加尔文教的“原罪”思想深深地影响了麦迪逊，而他的私人信件比他公开发表的政论文更加体现了他对人性的悲观态度。独立战争后各州出现的种种经济与政治问题，尤其是风起云涌的平民起义，更使他坚信政治的稳定与社会的发展必须依赖外在的规范，即宗教对人内心的规范和制度对人行为的规范。与之对应，他认为教堂的价值在于培育公民的道德责任，而政府的作用则在于限制公民的过激行为。但是，由于他将信仰自由上升至“智识自由”（intellectual freedom）的高度，认为宗教事宜应当归于社会而非政府，因此，他又坚守“政教分离”的政治主张。而出于对人性的悲观态度，在麦迪逊看来，一方面，不是每个人都能得到上帝的救赎，因此单靠宗教的力量并不足以约束民众，还必须借用政治的力量；但另一方面，专制的政府又会更加激发人性之恶，所以，必须赋予个人以维护自身利益和相互竞争的政治手段，即通过一个分权与制衡的宪政体制使每个人和每个利益集团都拥有与他人或其他利益集团相抗衡的权利。

综上所述，麦迪逊在继承了古典共和主义、经典自由主义和加尔文新教伦理的基础上，形成了自己的人性论和政治哲学，并以这种人性论和政治哲学为指导，主持制定了美国《联邦宪法》，设计了美国的政治制度。那么，这是一种什么样的制度呢？这是一种前所未有的、建立在广袤国土之上的复合式代议制共和政体。

第二章

麦迪逊多元主义政治思想的内容

麦迪逊多元主义政治思想以其特有的人性观为逻辑起点，体现了经典自由主义对个人禀赋与财产占有之差异的推崇以及对自由市场秩序的放任。其多元主义思想植根于美国的社会现实，在他看来，国土广阔的美国拥有产生“多元”问题并解决“多元”问题的天然答案。分权制衡机制和利益集团机制是麦迪逊多元主义政治思想的两种机制，它们有各自的运作逻辑，但又彼此依存、相互作用。

第一节　麦迪逊政治思想的人性论基础

麦迪逊的人性论深受加尔文新教原罪说的影响。他的人性论既介于洛克和霍布斯之间，又介于杰斐逊和汉密尔顿之间。杰斐逊的人性论是一种性善论，他认为人具有一种与生俱来的内在的道德本能（moral instinct），就如同人具有四肢一样。① 这与孟子关于人有仁、义、礼、智四种美德，并有恻隐之心、羞恶之心等四端的思想具有惊人的相似之处。和孟子一样，在杰斐逊看来，如果人失去这种道德本能，则无异于禽兽。至于在社会中会有不正直、不道德的个人存在，他认为不能因此

① 刘鸿鹤．杰斐逊与麦迪逊——美国多数民主与多元民主理论的先驱［J］．大连海事大学学报（社会科学版），2011（2）：69.

将人性判定为恶，因为这些人只是一些例外。这就像某些人存在失明、失聪、四肢残疾等生理上的缺陷，但这不能影响我们给人所做的一般性描述：人有双目，有听力，有四肢等。在杰斐逊看来，人们在道德上的缺失与生理上的缺陷一样，并不影响人类的根本性、普遍性的特征。对此，他说道："我真诚地相信人类道德本能的普遍存在，并认为它是镶嵌在人类品格上一颗最耀眼的宝石。"① 在信任人类道德本能的基础上，杰斐逊相信人民的理性，相信他们在政治上具有足够的判定是非与善恶的能力。

在美国第一任总统华盛顿的政府中，杰斐逊与汉密尔顿分别担任国务卿和财政部长，是华盛顿的左右手，但是他们的政见是针锋相对的。杰斐逊主张把美国建成一个民主共和国，而汉密尔顿则想要效仿英国的君主立宪制。汉密尔顿的动议震惊了参加费城制宪大会的绝大多数代表，遭到了他们的坚决反对。汉密尔顿与杰斐逊的人性论也迥然不同。汉密尔顿继承了霍布斯的性恶论，和他关于人是冷酷自私的，自然状态是"每个人反对每个人的战争"的理念，认为人类在追求自身利益时不择手段，甚至会背信弃义。汉密尔顿认为"人类的绝大多数完全受自私的动机所驱使"，因此由人制定的政治制度也是以自私自利为前提的。他相信政府的目的是实现个人的利益，那么掌握财政的权力也就一定能够控制社会，成为政治制度的主人。汉密尔顿思考问题是从少数人即富人的角度出发，其建国的一个重要理念就是要依靠发展金融资本来掌握国家的经济命脉，并保障资产阶级的财产不受侵犯。

与杰斐逊不同的是，汉密尔顿坚决否认人民具有理性。汉密尔顿出身卑微，后来通过婚姻跻身于贵族名门之中，却又反对人民大众。他将

① ADRIENNE K. The life and selected writing of Thomas Jefferson [M]. New York: Random House, 1998: 585.

社会中的人分为上等人和下等人，少数派和多数派；少数派是指那些居于社会上层的贵族和富商，多数派则是指劳苦大众。在汉密尔顿的眼里，劳苦大众是愚昧无知、粗俗残暴的群氓，他们对是非善恶缺乏必要的判断能力，更不用说监督和管理国家政府。因此，汉密尔顿认为只有少数权贵的统治才是保持国家稳定的前提，所以应给予这些权贵在政府中永久的特权、席位和利益。

麦迪逊的人性论犹疑于杰斐逊与汉密尔顿之间。分寸、节制与平衡感是麦迪逊思想的一个显著的特色。美国的制宪会议于 1787 年在费城召开，时任美国驻法国大使的杰斐逊缺席了这次会议。在这次大会上，与会者在对待人民的态度方面分为左右两派，即以詹姆斯·威尔逊（James Wilson）为代表的相信人民的一派，和以汉密尔顿为代表的怀疑甚至是敌视人民的一派。而麦迪逊在这两者之间采取了一种中间的立场。在他看来，人性既非本善亦非本恶，一个特定人群的人性是由他们生活其中的特定社会决定的。如果统治者给他们以尊重和信任，他们会回报以尊重和信任；反之亦然，在邪恶的统治之下，他们会表现出邪恶的一面。他指出，北美殖民地的历史表明，当普通民众被给予相当程度的自由，他们便会表现出对自由的珍爱，和为自由的发扬而奋斗的激情。

可麦迪逊终究不是一个性善论者，他对于人性持有相当悲观的态度。他的人性论更接近加尔文教派关于人性的教义，而不是杰斐逊的性善论。在他看来，人类的历史展现给后代的是足够多的残酷与邪恶，而政治斗争的历史更充分地展露出人性的阴暗一面。麦迪逊认为权力、物质、名誉是人们追求的目标，而野心、猜忌和贪婪造成了他们彼此间的冲突和仇恨。他认为人的欲望往往比理性更强烈，尤其是形成群体的人们。他曾说，一个群体不管“由什么人组成，感情必定会夺取理智的至高权威。如果每个雅典公民都是苏格拉底，每次雅典议会都是乌合之众”①。在欲望和诱惑面前人们都是脆弱的，而且当权者更易受到腐蚀。所以，当人们被利益驱动并掌握权力时，对权力的滥用就不可避免。对政治历史的研究使麦迪逊感到人类社会的很多弊端都是由公权的滥用造成的，因此对公权必须加以限制和约束。他认为统治者总会充分用尽自己的合法权力，所以不能一次性授予其太多的权力，而且削减权力比增加权力要艰难得多。

麦迪逊指出，人性的缺陷与弱点的存在决定了社会的稳定和发展不能只依靠人的理性与美德，还必须借助客观、稳定并合乎人性的法律与制度。以往的社会发展史也提醒麦迪逊，政府的权力虽必要，但权力本身又暗藏危险，这种危险无法被根绝，必须设计出一套制度来防范或减少这种危险。因此，麦迪逊的政治哲学并不否认政府权力的行使应受到人民的监督（popular check），但他更为关注的是对政治权力的制度方面的制约（institutional check），即分权与制衡。

尽管麦迪逊对于人性持有相当悲观的态度，但他毕竟经受过启蒙时代的精神洗礼，这使得他所描绘的关于人性的忧郁的画面上又添上了一缕希望之光，使得他不能够赞同汉密尔顿对于人性的彻底的否定。他指出，“人类本性中还有其他品质，证明某种尊重和信任是正确的。共和政体要比其他政体更以这些品质的存在为先决条件”②。这里的其他品质，区别于对纯粹私人利益的追逐，是指人有理性，有辨别善恶、辨别是非的能力。因此，人有一定的自治能力，并具有一定程度的公共精

① 汉密尔顿，杰伊，麦迪逊．联邦党人文集［M］．程逢如，在汉，舒逊，译．北京：商务印书馆，2019：283.

② 汉密尔顿，杰伊，麦迪逊．联邦党人文集［M］．程逢如，在汉，舒逊，译．北京：商务印书馆，2019：286.

神，而这正是共和政体存在的前提和保证。他认为政治家的使命就是要设法通过制度的设计，发扬人的理性和公共精神，防止人性中恶的一面在整个社会生活中占据主导地位。

麦迪逊清楚地意识到，像汉密尔顿那样对人性的彻底否定，也就意味着对民主的彻底否定。因为如果人民永远是贪婪、愚昧、残忍与邪恶的，那么如何能信任他们，让他们有权利参与公共事务的管理呢？因而，从这种观念出发将不可避免地导致对共和制度的否定。这对作为美利坚共和国缔造者之一的汉密尔顿来说是一种永远无法破解的二律背反，而麦迪逊则以自己独特的方法找到了解决这一问题的答案。他不是杰斐逊那样的彻底的民主主义者。杰斐逊毫无保留地相信广大的美国人民有充分的权利、足够的能力和智慧来参与政治的决策，来管理好自己的国家。麦迪逊对于人民群众没有这样的信任，但他在一定程度上有保留地接受了杰斐逊关于人民主权的思想。他意识到对于人性的过分悲观，会开启通向专制制度的大门。

如上面所提及的那样，在麦迪逊看来，人性是有着严重缺陷的，并且人与人之间总是相互构成一种潜在的威胁。而政府的存在，正是为了防范人与人之间的相互威胁与侵害。政府就有如监狱的看守，其职责与使命是防止狱中的囚徒之间的相互残害与杀戮。同时，这个监狱的看守只能拥有有限的权力，因为他本身也是一个有着人性缺陷的人。一个被欲望驱策着的人，如若被赋予过大的、不受制约的权力，会不可避免地导致他对权力的滥用。于是，为了防止腐败，防止政府的权力被滥用，麦迪逊设计了一整套分权与制衡的政治体制。其设计的理念是，社会中的每一个成员、每一个利益集团和政府中的每一个部门（立法、司法与行政）都各司其职，追求着各自的利益和目标，并同时对其他的成员、利益集团和政府部门形成制约。也就是说，这个机制使得公民不得相互侵害，使得政府不得欺凌公民，而公民也不得侵犯政府，二者之间形成一种制约与平衡。同时，各个政府部门之间、各州政府与中央政府之间也不得相互僭越、相互侵犯。由此可见，麦迪逊及其制宪的同道们既不相信人民群众，也不相信政府，对于两者都深怀警诫与防范之心。麦迪逊的这种理念、这种关切，在他如下的论述中得到了清晰的表达。

在《联邦党人文集》第五十一篇中，麦迪逊指出，防止各种权力逐渐集中于同一政府部门的最有力的保障，就在于赋予各政府部门的首脑以必要的、由宪法设定的手段以及个人的动机和意愿，来抗衡其他部门对本部门权力的侵犯；对于攻击的威胁，必须具备相应的防范的手段，即"野心必须以野心来抗衡"；人的利益必须以宪法赋予的权利来维护，这样的制度设置对防止政府权力的滥用来说是必不可少的。他认为，这也许是人性弱点的体现，但是政府的存在本身正是人性弱点的最明显的体现。如果人们都是天使的话，那么政府的存在就没有必要了；如果治理人们的是一些天使的话，那么不论是外在的还是内在的对于政府权力的控制，也都变成多余的了。因此，在他看来，当人们在设计与组建政府的时候，最大的困难就在于首先要使政府能够控制民众，下一步则是要迫使政府接受对于它自身的约束与控制。在这方面，依靠人民无疑是控制政府的最主要的途径与手段。然而，历史的经验告诉人类，在依靠民众这一点上，必须格外小心。①

麦迪逊的上述观点既表达了他主张分权与制衡的深思熟虑与坚定的决心，又充分揭示了他在依靠人民群众这一点上的十分矛盾的立场和心情。这使得他在对待人民的态度上既不同于汉密尔顿，又不同于杰斐逊。在当时，麦迪逊与杰斐逊都意识到对于政府的权力需要有两种制

---

① MADISON J, HAMILTON A, JAY J. The Federalist Papers [M]. New York: New American Library, 1961: 321.

衡：第一种是制度的制衡（institutional check），如立法、司法、行政三个部门之间的横向制衡（horizontal check）；第二种制衡是来自人民群众自下而上的对政府权力的制衡（popular check），或叫纵向的制衡（vertical check）。他们都意识到这两种制衡的重要性，但是态度又有所不同。杰斐逊不仅力主第一种制衡，而且坚决地、无保留地主张第二种制衡。所以，在谢司起义之后，他对他的同道们说，就像雷电可以净化自然界中的空气一样，小型的人民起义对于一个国家和社会的健康生存与发展不仅是有益的，而且是必不可少的。而在关于人民对政府权力的制衡这一点上，麦迪逊则充满了犹疑和矛盾。这种犹疑和矛盾的背后，是他对所谓“多数人对少数人的暴政”的恐惧，而这种恐惧的背后，是他害怕人民威胁到资产阶级的财产权。在这一点上，麦迪逊与“西方保守主义之父”柏克的观点十分相似。作为杰斐逊终生的政治伙伴和亲密朋友，麦迪逊与杰斐逊在政治思想、政治立场上最大的不同也正在于此。然而在这一点上，杰斐逊与卢梭是一致的。正如麦克弗森所指出的，杰斐逊与卢梭都反对经济上的两极分化，而主张所谓一个阶级的社会（one class society），即以独立生产者和自耕农为主体的社会。正因为如此，麦克弗森指出，卢梭与杰斐逊是更为彻底的民主主义者。①

第二节 分权制衡理论

麦迪逊政治架构的创建根源于对人性和政府的双重不信任，因此他设计出了一套复杂、精密且具有超强灵活性、实践性的分权制衡机制。

① MACPHERSON C B. The Life and Times of Liberal Democracy [M]. Oxford: Oxford University Press, 1978: 16-19.

在他看来，这种机制不仅有利于矫正人性的弱点带来的后果，同时也保证了各种利益集团政治影响力的存在和发展。

麦迪逊珍视个人自由的原则，希望人民不受政府过多的管制，其理想中的政府既要发挥应有的作用又要受到限制。最终，他将自己心目中理想的美国定义为一个复合式的共和国："人民交出的权力首先分给两种不同的政府，然后把各政府分得的那部分权力再分给几个分立的部门"①，即将政府权力从横纵两方面进行分化和制衡。所以，在阿力克西·德·托克维尔（Alexis de Tocqueville）看来，"美国的行政权结构既不是中央集权的，又不是逐级分权的"②，政府各组成机构间体现着错综复杂的相互分离与制衡的关系。

一、三权分立——横向的分权与制衡

在麦迪逊看来，共和制政府应当代表人民（popular）、稳定（stable）且有能力（energetic）。其中，"代表人民"是指为确保人民掌握权力，由人民选举的代议者的数量要尽可能多，其任期也要尽可能短；"稳定"主要是指立法与行政决策的制度化、程序化，他认为只有立法和政策的稳定才能够给人们带来"安定和信任"，因此被授权的人掌权的时间要尽量长，这样才能保证政治决策不经常变换；而"有能力"则是指政府要能够防御国内外威胁，并能够真正有效地执行法律和政治决策，因此这又要求权力应尽可能集中地掌握在一个人（或少数人）的手中。麦迪逊认为，这三个要求之间存在冲突，因此，必须

① 汉密尔顿，杰伊，麦迪逊．联邦党人文集［M］．程逢如，在汉，舒逊，译．北京：商务印书馆，2019：265.

② 托克维尔．论美国的民主：上卷［M］．董果良，译．北京：商务印书馆，2008：78.

通过特殊方式平衡这三个标准，以获得好的政府。他同时指出，不同政体所需要的平衡方式也不相同。

在此，麦迪逊参考了古典共和主义的均衡政府理论和孟德斯鸠在《论法的精神》中对各种政体的辩证分析。古典共和主义的代表人物亚里士多德在考辨希腊各城邦的政治结构时，将政府职能分为三个组成部分："其一为有关城邦一般公务的议事机能；其二为行政机能……其三为审判（司法）机能。"这种职能划分与孟德斯鸠所说的"立法权""有关国际法事项的行政权力"和"有关行政法规事项的行政权力"基本一致，即立法权、行政权与司法权。麦迪逊也赞同这种权力职能的划分方式。同时，基于人的本性自私且充满野心的判断，他反对三种权力的集中。

在谈到分权制时，麦迪逊指出："当立法权与行政权集中在同一个人或同一些人手中时，或者当司法权没有同立法或行政权分开时，就不会有真正的自由。……将立法权、行政权和司法权集于一身，不论这是一个人，还是几个人，抑或许多人，也不论是通过世袭、自我任命，还是选举的方式，均可公正地断定这就是虐政。"① 因此，在人民主权的原则下，麦迪逊将政府的权力从横向上划分为立法权（legislative）、行政权（executive）、司法权（judicial），三者分别由国会、总统和法院履行，同时他又在宪法中对这三个机构的具体职能进行了划分，甚至各部门组成人员的选举方式、任期等诸多细节方面都被其加以系统化的论证和制度化的设定。

① MADISON J, HAMILTON A, JAY J. The Federalist Papers [M]. New York: New American Library, 1961: 322.

（一）立法权

麦迪逊认为，议会是联邦政府中的民主机构，它最能代表人民的意志，因此，它“必然处于支配地位”①。在他看来，邦联政府的软弱源于它缺乏财税权，因此，他主张将财政权和税收权赋予联邦立法机关。同时，他认为“行政部门是最热心于战争而且最易于发动战争的权力部门”②，而“通过把进行战争的权力……从花费者手中转到付账者手中”③ 则可最大限度地限制战争。因此，在美国宪法中，国会的职权主要包括：财政权、税收权、立法权、宣战权等，以及宪法第一条第八款所规定的“制定为执行以上各项权力和依据本宪法授予合众国政府或政府中任何机关或官员的其他一切权力所必要的和恰当的法律”。

在麦迪逊看来，共和政体中的立法权支配着其他权力，而为了防止这种支配的权力被滥用，他又将拥有立法权的立法机关（国会）从整体上划分为两个不同的单位，即参议院和众议院，同时赋予两者不同的职权范围、选举方式和行动原则以平衡彼此，以此作为内生机制抑制国会的不良运作。麦迪逊认为在参众两院的设置上，美国与英国不同，英国上下两院代表的是两种不同的社会阶层，而美国参众两院只是职能设置上的差异，两者的地位“很大程度上取决于宪法赋予它的权力及其组织形式，而非取决于与其成员或者其社会地位有关的任何内在特征”④，两院的代表均是由人民选举出的见解高明和道德高尚之人。这

---

① 汉密尔顿，杰伊，麦迪逊．联邦党人文集［M］．程逢如，在汉，舒逊，译．北京：商务印书馆，2019：265.

② WELCH S. American Government (2nd)［M］. St. Paul ed., Eagan, Minnesota: West Publishing Co, 1988: 354.

③ MACMANUS S A. Governing a Changing America［M］. New York: John Wiley & Sons, 1984: 548.

④ 斯托林．反联邦党人支持什么——宪法反对者的政治思想［M］．汪庆华，译．北京大学出版社，2006：110.

与美国的历史传统，即美国社会没有相当数目的世袭贵族阶层有关，同时也是麦迪逊自由主义政治思想的反映。

在《弗吉尼亚方案》中，麦迪逊认为国会参众两院的代表均应按缴税额或自由民数量的比例在各州分配，即按比例代表制（proportional representation）原则在各州分配代表数额，以体现联邦政府的人民主权原则；其中众议院议员应由各州人民直接选举产生，而参议院议员则由众议院议员从各州立法机构提名的名单中选出。尽管在制宪会议中，由于小州惧怕比例代表制无法维护自身利益而坚决主张“平等代表制”（equal representation），但在“大妥协”（The Great Compromise）之后，大州、小州各自让步，形成了众议院议员人数按比例代表制原则分配，参议院议员人数按平等代表制原则每州两名且由各州州议会选举产生的宪法规定。

麦迪逊特别对众议院议员的人数做了一定的要求，在他看来，“为了保证自由协商和讨论的益处，以及防止人们为不适当目的而轻易地联合起来”①，众议院必须保证一定的人数，但是为了避免因人数众多引发的混乱与过激行为，众议院的人数也应有所限制，同时“众议院人数将按照宪法所规定的方式随时增加”②。所以，最终的方案是：各州众议员人数按各州人口与合众国人口比例1∶30 000分配，任期两年，即每两年由人民直接选举一次，众议院也因此被认为是代表着联邦全体人民的权利；参议院人数每州两人，任期六年，但每两年更换三分之一的议员，最初由各州州议会选举产生，参议院被认为是州权的代表。麦

① 汉密尔顿，杰伊，麦迪逊. 联邦党人文集［M］. 程逢如，在汉，舒逊，译. 北京：商务印书馆，2019：283.

② 汉密尔顿，杰伊，麦迪逊. 联邦党人文集［M］. 程逢如，在汉，舒逊，译. 北京：商务印书馆，2019：284.

迪逊认为众议员应当熟悉选民的情况、明白选民的利益，但立法行为本身又要被规范在职责范围之内，他认为联邦立法的对象“最重要的而且看来最需要本地知识的对象是贸易、税捐和民兵”①。而麦迪逊授予参议员以任期长和连选连任的“特权”，又使立法机关内部保留了一部分熟悉政务和能够对新当选的参议员发生有利影响的核心人物。也正是这种对参议院的设置方式，使麦迪逊遭到了最强烈的指控：反联邦主义者质疑参议院的贵族化色彩。

在具体的职权设定中，一方面，美国的参众两院拥有同等地位但权限不同的立法权，它们彼此间可以相互制约，参议院可以推迟，甚至改变众议院的议案，它还拥有众议院没有的批准条约、任命内阁成员的职权，以及部分的司法权——对公职人员的弹劾权等。另一方面，因为任何立法议案都必须同时经过参众两院的同意，所以两院均对彼此的立法享有绝对的否决权。而除了国会内部这两个大的层次的制衡外，参议院和众议院内部还被继续分散化，它们各自存在着各种不同的委员会，“国会的实际立法权分别掌握在各个常设委员会手中”②，这些常设的委员会尽管权力大小不一，且会随着历史的进程被增设或替换，但是没有一个委员会具有公认的特权。这样，在国会内部，麦迪逊成功地从纵横两方面分散了整个立法权，在制度上最大可能地限制了立法权被少数人掌控。

（二）行政权

麦迪逊认为，出于效率和责任的考虑，统一化的行政部门的建立十分重要，而行政权又是最活跃、最易被滥用的权力，所以必须精心设计

① 汉密尔顿，杰伊，麦迪逊．联邦党人文集［M］．程逢如，在汉，舒逊，译．北京：商务印书馆，2019：287.

② 威尔逊．国会政体［M］．熊希龄，吕德本，译．北京：商务印书馆，1986：2.

总统的职位及其选举的方式，以此抵制立法机关，尤其是参议院的贵族化倾向。"美国总统虽然也是法律的执行者，但他并不实际参加立法工作，因为他不同意并不妨碍法律的存在。因此，他绝不是主权的化身，而只是主权的代理人。"① 麦迪逊认为政府的所有权力都应直接或间接地来自人民，而那些胜任官职的人必须受到任期的限制，这样才算一个合格的共和国。由于行政长官的设计完全没有先例，麦迪逊在《弗吉尼亚方案》中"对行政权的问题仅提供了一个最低限度的解决方案"②：设立全国行政首脑，全国议会选举，任期若干年，且不得连任、报酬固定。该方案被提出后，代表们用大约 20 天的时间商讨总统的人数、选举方式和任期等问题，所有可能带来结党营私的方案都被他们一一排除。

根据制宪会议代表们的辩论，麦迪逊在《弗吉尼亚方案》的基础上，对行政长官的选举方式、任期和职权范围等做了完善。在美国宪法中，总统的职权主要包括任命权、外交权、军事统辖权以及法律监督权和一定的立法职权。在具体设置上，麦迪逊认为行政长官必须被限定任期，这一任期不能过长也不能过短，以免因重新选举带来动荡和不能充分发挥当选者的才能，最终的方案把任期规定为四年；可以参加总统选举的人，仅限于白人男性财产所有者，而由于对人性的普遍不信任以及对民众激情的担忧，麦迪逊希望总统不是经由符合选举条件的普通公民直接选举产生，而是通过能不受公众激情左右、明智而独立的公民组成的选举人团选举产生；每届政府内阁成员的任命由总统提名，虽然要经

① 托克维尔．论美国的民主：上卷［M］．董果良，译．北京：商务印书馆，2008：137.

② 雷克夫．宪法的原始含义：美国制宪中的政治与理念［M］．王晔，柏亚琴，等译．南京：江苏人民出版社，2008：254.

过参议院的批准才能任命，但除非是违犯了法律，国会对他们的任期长短和任期内的行为均无权干预。

（三）司法权

在麦迪逊眼中，司法权是最为被动的权力，而“法官独立是保卫社会不受偶发的不良倾向影响的重要因素”①，他因此设计了非由选举产生，也无须对人民负直接负责的联邦法院组成人员方案——法官任期采取终身制原则，法官的薪酬固定，他们由总统提名产生并需经参议院批准而任命。终身制任期原则保护下的法官可以自行权衡退隐时间，以实现种种间接的政治目的，再加上美国司法审判遵循先例原则，以及各级政府中存在的可连接各法院、确保联邦司法程序一致性的司法部门，使得联邦法院在美国的大部分历史时期确实表现得比国会和白宫更加保守和稳定。事实上，在美国是由法官将立法机关通过、制定并经由总统颁布的法律、法规应用于具体情况的，毕竟立法者不可能预知真实生活中的所有状况，他们更倾向于使用抽象和概括性的词汇立法，所以经由国会制定的法律相对笼统，而美国的判例法传统和授予联邦法院的宪法解释权也允许法院根据具体情况运用法律，因此有法官将立法机关立法与法官判案间的关系不雅地形容为“批发和零售”，但客观地说，这也是法律“可操作性”的保证。此种状况的出现不是宪法中的明确规定，不是制宪者主动选择的结果，而是美国在司法实践中自然形成的倾向。

麦迪逊从一开始就期望能够有稳定的力量约束立法机关中的多数派，因此，他在制宪会议中曾提出由行政机关和司法机关共同组成的“复审委员会”（council of revision）来检验和制约立法机关的立法，但

① 伯恩斯，等．民治政府——美国政府与政治［M］．吴爱明，李亚梅，等译．北京：中国人民大学出版社，2007：40.

在会议辩论过程中，这项提议遭到否决。而由于美国独立之前各州的司法实践和判例法传统，在“马伯里诉麦迪逊案”中，“根据马歇尔大法官的推理，与宪法相抵触的法律无效”① 的原则最终被确认了下来，这就是美国人引以为豪的“司法审查权”（judicial review），他们“认为法官有权对公民进行判决是根据宪法，而不是根据法律。换句话说，美国人允许法官可以不应用在他看来是违宪的法律”②。美国联邦最高法院的职权最终体现为：司法审查权、审理一般案件的职权和宪法解释权等。

美国的联邦最高法院是宪法明确设立的法院，除最高法院外的联邦其他各法院由国会依照宪法理念和现实需要建立，并由国会授予司法权；同时，国会也负责对联邦法院和州法院的职责进行划分。其中“最高法院倾向于接手这样的案件：两个或两个以上的上诉法院对于一个问题的判决相互冲突”③，通过对这些案件的复审“可以解决冲突并保持法律的一致性”④。

司法机关的司法解释权、司法审查权成为防止立法、行政部门任意行为的有效“辅助性的防范措施”。同时，由于美国的宪法司法化，美国人在担心或确信自己的自由和权益遭受威胁的时候，可以直接依据宪法向法院起诉，这客观上拓展了诉讼的领域。美国的宪法司法化和判例法体系又能在最大限度上减少立法滞后带来的危害，基本弥补立法疏漏。最终，因有司法独立性为保障，联邦法院的所有权力才得以真正实

① 桑斯坦．偏颇的宪法［M］．宋华琳，毕竟悦，译．北京大学出版社，2005：11.

② 托克维尔．论美国的民主：上卷［M］．董果良，译．北京：商务印书馆，2008：78，137，111.

③ 伯恩斯，等．民治政府——美国政府与政治［M］．吴爱明，李亚梅，等译．北京：中国人民大学出版社，2007：450.

④ 伯恩斯，等．民治政府——美国政府与政治［M］．吴爱明，李亚梅，等译．北京：中国人民大学出版社，2007：450.

现，美国人民也才可能借助诉讼程序来表达自身的利益和权利，从而影响公共政策的制定。

（四）三种权力间的相互制衡

当他的一些同代人指责美国的宪法设计中分权分得还不够彻底时，麦迪逊答辩道：为了防止政府蜕变为压迫与侵害人民的专制政府，就不仅需要让立法、行政与司法诸部门各自独立，实行分权，而且还必须让它们相互渗透，让每个部门都可以参与其他部门的工作，并部分地或暂时地阻碍其他部门的运作，从而形成相互的制约，使任何一个部门都不可以恣意妄为和形成专断与权力的滥用。在麦迪逊看来，权力的分立只是防止专制产生的第一步，分权必须与制衡相结合，通过授予各部门恰当的、能彼此牵制的权力来预防因单个政府部门权力过大引发的专制。对此，麦迪逊做了如下论述："掌握全部行政权的长官，虽然他能否决每一条法律，但是自己不能制定法律；也不能亲自管理司法，虽然他能任命司法管理人。法官不能行使行政权……也不能执行任何立法职务，虽然立法会议可以同他们进行商量。整个立法机关不能执行司法法令，虽然通过两院的联合法案，可以将法官撤职，虽然某一院作为最后一者拥有司法权。……立法机关不能行使行政权，虽然某一院能任命最高行政长官，另一院在弹劾第三者时能审判行政部门的一切部署，并给他们定罪。"① 那么，麦迪逊所支持制定的美国宪法是怎样设定三权之间交互制约关系的呢？

首先，国会与总统间的相互制衡。国会拥有立法权，但立法过程受到严格限制。联邦立法必须经由总统的批准方可生效，总统有权对国会

---

① 汉密尔顿，杰伊，麦迪逊．联邦党人文集［M］．程逢如，在汉，舒逊，译．北京：商务印书馆，2019：248.

立法加以否决，但此种否决权又非绝对，国会仍有可能通过两院超三分之二人数同意的复议或是“搁置否决权”的消极行使而涅槃重生。“搁置否决权”在宪法第一条第七款中有具体的规定，即如果法案在呈交合众国总统后十日内（星期日除外）未经退还视同已经签署，该法案即成为法律，但如国会休会使其未退还的情况除外。在麦迪逊看来，以上权力的行使至少可以迫使行政机构“这种软弱部门与强大部门中较弱的分支机构适当地结合起来，使后者可以支持前者的法定权利，同时也不至于过分脱离本部门的权利”①。美国总统拥有驻外大使、公使和联邦政府高级官员的任命权，拥有条约签订权和法案提出权，但国会对上述三种权力均负有批准或否决权，即总统缔结的条约、提出的法案和所作的任命须经参议院的批准和同意才可生效；总统为三军的总司令，但军队由国会供给。而当总统的行为违反宪法时，国会有权对其进行法律授权下的弹劾。

其次，国会与联邦法院间的相互制衡。联邦法院的法官由总统提名，但须经国会的批准才可被任命，国会亦可对其加以否决；同时，国会有权启动弹劾程序对联邦法院法官进行弹劾。国会对总统的弹劾权必须由联邦最高法院大法官担任弹劾庭主席。而 1803 年“马伯里诉麦迪逊案”的司法判例确立了《联邦宪法》是美国的基本法，违反该宪法的法律无效，以及解释宪法内涵是法院职权的两个原则，这两个原则实际上赋予了联邦最高法院司法审查权和宪法解释权，而这两种权力的取得有利于联邦最高法院扭转被动地位，使之有能力与强大的国会抗衡。

最后，联邦法院与总统间的相互制衡。虽然美国恪守司法独立的传统，联邦最高法院的法官任期采取终身制原则且薪酬固定，但其任职必

① 汉密尔顿，杰伊，麦迪逊．联邦党人文集［M］．程逢如，在汉，舒逊，译．北京：商务印书馆，2019：265.

须经总统的提名和任命，以及参议院的通过。由于拥有司法审查权，法院可以通过宣布行政行为或总统发布的具有法律效力的命令因违反宪法而无效，这种对行政过程是否违宪做出的最终裁决确保了联邦法院对总统权力的限制和制约。

以上所论述的三权分立及各权力间相互制衡的思想最终体现在麦迪逊所起草的美国《联邦宪法》中，虽然这些思想在理论上并非完全独创，但在宪法框架内对其明确化是史无前例的，如罗伯特·达尔所指出的："各种各样的社会制衡在西方世界民主制度中普遍存在，而设置一套预先的由成文宪法写出来的宪法制衡措施，却是美国的特色。"① 正是这一特色，使得美国各政府职能部门在制度上排除了其他部门对其行使不当控制和影响的可能，又使人民拥有了防止政府机构对自身权利和自由造成侵犯的宪法保护。而联邦法院的司法审查权（或称违宪审查权、宪法审查权）、司法独立的传统，以及促使宪法长期被不断援引的宪法司法化原则，共同缔造了宪法的权威，加之有效的司法实践本身又是传播宪政精神的最强大和最持久的方式，这些有利的因素间相互作用，使美国的三权分立制度在立法、行政和司法机关的相互博弈中随着光阴的流逝逐渐凝结为美国根深蒂固的政治理念和政治制度。

二、联邦主义——纵向的分权与制衡

对联邦制国家结构的创建，是麦迪逊对西方共和主义理论的卓越贡献。他的这种结合"联邦主义"原则和"共和主义"原则的现代国家政体观，植根于18世纪晚期美国社会的特殊土壤。独立后的美国社会虽然获得了自治权，但各州依旧各自为政，整个社会"缺乏的是一种

---

① 谢岳．大众传媒与民主政治［M］．上海：上海交通大学出版社，2005：95.

管辖权协调以及联邦—州之间的主权的协调”①。当时的邦联政府没有行政与司法机关，仅有一院制的立法机关，而各州无论大小均拥有一票否决权，这也致使邦联立法机关的提案很难获得通过，州际间的商业与政治纠纷也因此缺乏公正的裁判。此外，司法事务也因缺乏统一的法律体系而难以协调。同时，邦联政府由于无权直接征税，因而无力支付包括战争费用在内的各项支出，进而导致国家的外交、内政等诸多方面陷于无助。

作为制宪会议的倡导者，麦迪逊很早就对邦联制政府的前途持悲观态度。他依据自己在弗吉尼亚州议会任职期间的经历撰写了《美国邦联政体的弊病》（*Vices of Political System of the United States*），文中极为详尽地列举了邦联政体存在的12个问题，揭示了各州与邦联政府职能设置的种种弊端，他尤其强调“政府必须具有强制力（coercion），这就同法律必须具有约束力一样。而邦联政府两者皆无，这违反了一个政治体制最根本的原则”②。然而，由于历史经验和政治理论的局限，刚刚脱离英国殖民统治的绝大多数美国人都对强大的国家政府怀有偏见。殖民地政治长期以来的地方主义特征，使人们普遍担心以麦迪逊为代表的联邦主义者所创建的全国政府（national government）会带来政治的专制，从而毁灭个人的自由，各州议会也担心自己的权力会被削弱。制宪会议召开的直接目的是解决邦联政府力量过弱的问题，制宪者们意图建立一个强有力的中央政权，以应对邦联内外交困的局面，但同时他们又担心中央政府的权力过大会造成对各州自治权的破坏，以及专制统治的出现。因此，如何纵向分配政府权力，即联邦政府和州政府的权力如

① 斯托林．反联邦党人支持什么——宪法反对者的政治思想［M］．汪庆华，译．北京：北京大学出版社，2006：60.

② TREANOR W M. Judicial Review before Marbury［J］. Stanford Law Review, 2005, 58.

何划分自然成为制宪会议的焦点。

麦迪逊在洛克和孟德斯鸠的政治学说中，找到了为“联邦主义”（federalism）原则做合理性论证的依据。洛克将国家权力分为立法权、行政权和对外权（federative），其中，对外权是指解决战争与和平、联合联盟等事务。实际上，洛克只是在理论上将对外权与行政权分离，他希望行政部门在必要的时候能够联合国外势力以抗衡本国的立法机关。麦迪逊认为，对美国的各州来说，“对外权”意味着各州人民或行政部门能够通过联合其他州、其他国家的方式抗衡州立法机关；而如果各州通过契约组建一个统一的联邦政府，则会在最大限度上监督州立法机关。孟德斯鸠则在《论法的精神》中详细阐述了古希腊、古罗马以及荷兰、德意志、瑞士的政治同盟所带来的益处，即联邦共和国由小共和国组成，它既保留了小共和国的自由，又由于联合的力量具有了大君主国的优势。当然，孟德斯鸠所说的这些“联邦”在地域上都还极为有限，它们甚至只相当于美国的一个州。但是，在麦迪逊看来，既然美国已经有了各州自治的经验，以及邦联制政体这一政治联盟的尝试，那么，创建一个更为统一的联邦制共和国完全有可能。对此，他详细列举了建立联邦政府的好处：首先，联邦政府能够为各州的繁荣、安定以及公民的自由、发展提供良好的外部环境；其次，联邦政府能够成为州际纠纷的最好裁判者；最后，也是最为重要的，独立、强大的联邦政府能够保护少数人的权利，即防止州立法机关以多数人的名义制定并实施侵犯少数人利益的法律，同时，也保护少数人的财产权免受侵害。因此，在麦迪逊看来，对美国人民来说，关键问题不是探讨是否应建立一个统一的中央政府，而是应思考建立一个怎样的中央政府，即如何划分联邦政府与各州政府之间的权力与职能。

在麦迪逊看来，政府的权力必须纵向分化，且明确而适度：凡涉及联邦各州共同利益的那部分权力，即各州单独行使不可能不危及合众国整体的自由和福利的主权，应授予联邦政府；而联邦各州可以单独行使的主权要留给各州政府。他的这一设想由宪法第四条和宪法修正案第十条确定了下来，其中联邦政府被授予的权力是有限且明文规定的，主要涉及的是诸如战争、和平、谈判和贸易等对外权力；而州政府被授予的则是大量的、未被明确化的涉及公民生命、自由与财产以及州域安全与经济发展方面的职权。在宪法修正案第十条，即“凡本宪法未授予合众国或未禁止各州行使的权力，由各州和人民保留”中，麦迪逊把人民和州归于一个层面，自由主义的“人民主权”“有限政府”等政治诉求和宪法语词的刻意模糊使得州的权力较之联邦政府的权力更为灵活和宽泛。客观地说，这种权力的分化方式也是对美国历史和社会的尊重，对自治传统的尊崇，因为“在联邦的这一部分，政治生活始于乡镇。我们甚至可以说，每个乡镇最初都是一个独立国。后来，当几位英国国王相继要求行使他们主权的时候，也只是限于州一级的权力。……它们并没有由别处取得权力；相反，它们好像把自己的一部分独立让给了州”①。麦迪逊认为正是这种联邦制的运用，为各州人民提供了两种表达自身利益的途径和渠道，使美国既克服了小共和国和大共和国的缺点，又保留了它们各自的优点。一方面，联邦制政体给予中央政府担当责任所必需的权力，使之具有强大的力量抵御外侮，维护国家的总体利益；另一方面，也确保了地方政府处理本州事务的权力，使人民在小的范围内尽可能实现直接的民主与自由。联邦纵向分权的宪法化在制度上赋予各州牵制联邦政府的权能，从而抑制了专制的中央政权出现的可能，为更深层次的纵向制衡提供了基础和保证。

---

① 托克维尔．论美国的民主：上卷［M］．董果良，译．北京：商务印书馆，2008：72.

虽然麦迪逊将模糊和更广泛的权力赋予了各州和人民，但他本质上对中央与地方政府保持着同等的不信任，他同样担心“各州的多数可能会伤害到人民的多数”①，所以，他认为州的权力也必须受到代表全体人民共同意志的联邦权力的制约；而另一方面，要避免联邦政府的武力和压制，必须通过人的自然联合（州）形成的政治合众的纽带来进行防范。在他的观念中，单纯的分权并不能真正防止专制的出现，分化的权力间必须有能力相互制约。因此，麦迪逊所要创建的联邦制国家结构与邦联制的不同在于，前者在中央和地方权力的分配上呈现互动和相互制衡的关系，而后者则更偏向地方权力。在联邦制下，国家权力的主导性被授予了联邦政府，它拥有国家对内与对外的代表权和最高决策权，联邦政府的合法决策可直接作用于各州。而联邦的权力在横向上又被分为立法、行政和司法三个部分，在这里，纵向与横向的分权制衡原则相互结合。

具体地说，一方面，联邦权力对州权的控制最终体现在国会、总统和联邦最高法院在各自权能的执行力上。国会制定、总统签发的法律在全国范围内通用，总统是国家对内对外的最高代表，联邦最高法院享有全国最高的审判权，以及宣布各州法律、行政决策因违宪而无效的权力，即“纵向的司法审查权”，这种否决权保证了美国法律体系的相对一致性，有利于预防各州对联邦权力的侵犯，有利于预防各州立法机关的不稳定与非正义情况的出现。另一方面，各州政府也能够影响联邦政府的人员选拔和政治决策。在麦迪逊起草的《联邦宪法》中，联邦政府的立法机关分为两院，其中，参议院议员由各州议会选举产生，且各州无论大小都拥有两个席位；任何宪法草案必须经两院共同批准，才可

① 佟德志．宪政与民主［M］．南京：江苏人民出版社，2007：112.

提交总统，因此，由各州议会选举产生的参议员均对法律草案有一票表决权；总统由选举人团选举产生，而选举人团的名额按各州参众两院的席位总数分配，同时，由各州议会选派；联邦最高法院大法官由总统任命，但必须经由参议院的批准；参议院享有弹劾总统、法官和其他高级官员的全权；三分之二的州议会可提出宪法修正案草案，同时，四分之三的州议会的批准可使其获得通过。这样，各州政府既能影响联邦政府的立法与行政机关的人员构成，并监督其行为是否违法，又能通过特定的修宪程序，将多数州的意志上升为国家意志，从而影响联邦政府及其政治行为。

在美国，由于地方自治的政治文化传统，州政府权力的存在被认为是无可置疑的，《联邦宪法》也没有对各州权力进行详细的列述，那些既未授予联邦又未禁止各州行使的权力均受到宪法原则上的保护。但是，联邦政府较之州政府，显现出更少的限制公民自由的倾向，这反映了麦迪逊设想的州政府与联邦政府职能的差异，毕竟，不赋予州政府相应的职权而要其直接管理本州事务根本不可能。因此，美国各州可以拥有自己的宪法和法律，甚至拥有自己的“权利法案”，也可以拥有自己的政治议事规则、立法程序、司法判例以及管辖范围内的法律制定权；当然，这些都只能在不违反美国《联邦宪法》的前提下才有效。州权也正是通过上述权力的行使才得以真正实现。麦迪逊在《联邦党人文集》中提到各州对联邦政府自下而上的制约时，经常把它和人民对其权利的最终防卫权相提并论。事实上，美国的许多州可能比联邦政府更为民主，譬如某些州规定州宪法的修改只能通过人民的直接投票才可进行，甚至有的州明文规定在州议会代表任期届满前，符合选举要求的公民可用无记名投票的形式通过法律、废除法律，或是更换自己先前选举出的代表。与联邦政府相比，这些州政府给予了人民更多的控制政府的形式和手段。因此，虽然鲜有人认为州政府比国家政府拥有更出色的组成人员，并能制定更好的政策与法律，但美国的各州依旧可视为国家公共政策的理想“实验场”。

综上所述，联邦制与三权分立构成了美国联邦宪法的两个重要原则。联邦制把美国政府分成了两个层面，即中央政府和州政府，而三权分立的原则又将中央政府分成立法、司法和行政三个部门。这两个原则都是对政府权力的制度性制约。在历史上，美国人民将这些原则视为他们认同美国政府合法性的重要条件，而这些原则又成了美国政府得以运作的框架与机制。

美国《联邦宪法》的制定正是为了确定上述政府运作的框架与机制，而这种框架与机制的确立是一个政府成为宪政政府（Constitutional Government）的必要条件。在麦迪逊看来，任何一个宪政的政府，必须具备一些权力制衡的基本原则，而这正是宪政的本质。这些原则应当既高屋建瓴，又刚柔兼济。所谓“刚”，即指《联邦宪法》的精细严密的设置使得它所确立的原则不会被立法或行政部门轻易地为一己之私所改动；所谓“柔”，就是《联邦宪法》的制定者仍然为因时代的发展而产生的改进宪法的要求留下了合理的空间与可能。

第三节　利益集团理论

受历史经验和政治理论的局限，18 世纪的美国人普遍怀疑共和制能否在广土众民的国家成功实施。麦迪逊则指出，共和制的实现至少需要两个条件，一是实现分权制衡，二是控制利益集团（faction）间的对抗，其中，分权与利益代表的多元化密切相关。他创造性地将“利益多元化”和“规模优势”（enlarged sphere）作为实现多元民主的有利条件。在他看来，在一个地域广阔、人民众多的国家，较易于实现各种利益集团的分化以及各利益集团之间的相互制衡。

一、多数民主与多元民主

当代西方民主模式可分为多数民主模式（the majoritarian model of democracy）与多元民主模式（pluralist model of democracy）。其中，多数民主模式建立在西方经典民主理论的基础之上，该理论认为民主就是“人民的统治”或“大多数人的统治”，即由人民的多数来制定政治的决策。多数民主模式主张在代议制政府的范围内尽可能地实行局部的直接民主，从而提高人民政治参与的程度。① 普选制是多数民主模式实现其理想政治格局最主要的机制。此外，还有公民投票（或称全民公决）（referendum），即国家在面临重大政治或法律问题时，由全体公民直接投票来进行表决。从程序上讲，多数民主模式的运作包含以下三个原则：一是“普遍参与”（universal participation），即在选举各级政府官员时每人一票；二是“政治平等”（political equality），即在选举中任何人的选票都是等值的；三是“少数服从多数”（majority rule）。多数民主理论者认为，凭借上述普遍性政治参与的机制，公民可以选举政府的组成人员并影响政府的决策运行。该理论相信公民具有足够的理性与能力来了解和参与政治决策，并相信他们能够在选举行政机关领导人和议会组成人员时做出明智的选择。

与多数民主理论相对的是产生于20世纪50年代的多元民主理论。多元民主模式包含两大机制，即分权制衡机制与利益集团机制。这意味

① 刘鸿鹤. 杰斐逊与麦迪逊——美国多数民主与多元民主理论的先驱［J］. 大连海事大学学报（社会科学版），2011（2）：69.

着分权制的政府为各利益集团提供利益与意志表达的制度性渠道，为其影响政府的政治决策提供了可能；同时，多种利益集团的存在又为分权制的政府提供了得以运作的社会基础和保证。多元民主理论认为人们会因经济利益、种（民）族、宗教信仰等差异形成不同的群体或集团，当这些有组织的群体或集团开始花费金钱和精力影响政府的政策制定时，它们便被称为利益集团（interest group）。多元民主理论认为民主意味着由众多不同的利益集团相互竞争向政府施加影响，从而产生政治的决策。

多元民主理论主张所有的利益群体都拥有权利和机会来形成他们的组织，从而使自身的主张与意愿得以被倾听。这样，政府在制定政治决策时，社会中的不同利益需求都会得到关注。与多数民主理论相比，多元民主理论所关注的焦点不是人民大众对于政治的普遍参与，而是发挥有组织的利益集团的政治作用；它所强调的不是民主政府对于大众民意的体察和回应，而是政府对于结成利益集团的公民们的关注和回应。① 杰斐逊与麦迪逊则分别是美国多数民主理论与多元民主理论的奠基人。

杰斐逊民主理论的人性论基础是他的性善论。在他看来，人具有一种与生俱来的内在的道德本能。在此基础上，杰斐逊相信人民的理性，相信他们具有足够的辨别是非善恶和参与政治决策的能力。在他看来，政府是人民相互之间或人民同统治者之间订立契约的结果，因此应为参与订约的全体人民所共同控制和管理。同时，他笃信人民的生存、自由和追求幸福（life，liberty and the pursuit of happiness）的自然权利是与生俱来的，因而“人人生而平等”。由此，他坚决反对由世袭和财产决定的社会等级制度，而主张由那些完全依靠个人的贤德与才能而出类拔

---

① 刘鸿鹤．杰斐逊与麦迪逊——美国多数民主与多元民主理论的先驱［J］．大连海事大学学报（社会科学版），2011（2）：69.

萃的人物来治理国家。他认为这种贤能的、有天赋的人才分布在社会的各个阶层，不论其出身如何，他们都应该受到良好的教育、公正的待遇，得到公平的机会，被选举到政府的领导岗位上。① 此外，他认为只要人民掌握真理与知识，就有能力管理国家。因此，尽管杰斐逊经常遭受一些被贿赂的报刊的恶意攻击与诽谤，但他始终坚定不移地维护新闻出版自由。在他看来，新闻与出版自由在本质上也体现着普通民众对他们所选举的国家领导人和议会议员的监督与制约。

与此同时，杰斐逊还力图在代议制共和政体的范围或局限内尽可能地实行直接民主，即通过实行小区域的直接民主，使得更多的政治权利和政治事务可以由上至下转移，由基层组织和人民来行使和完成。这样可以使政治更多地反映和表达人民的意愿，更加激发人民对政治和自己切身利益关切的积极性和热情，从而最广泛最直接地推动人民的政治参与。② 杰斐逊将此称为“真正的共和主义”（true republicanism），并希望这些最基层的政权组织能自下而上地形成对州权和联邦权力的制衡与监督。在他看来，这种自下而上的纵向的制衡是对于政府权力的最重要、最根本的制衡，是防止政府由公仆蜕变为人民的压迫者，防止其侵害人民自由与权利的最根本、最可靠的保障。③

在美国开国领袖中，像杰斐逊这样毫无保留地相信人民、主张民主的人并不是多数。究竟是实行民主共和制还是实行贵族制，这是摆在他们面前的一个难题。他们中的多数人虽然没有像汉密尔顿那样公然地贬

① 刘鸿鹤．杰斐逊与麦迪逊——美国多数民主与多元民主理论的先驱［J］．大连海事大学学报（社会科学版），2011（2）：70.

② 刘鸿鹤．杰斐逊与麦迪逊——美国多数民主与多元民主理论的先驱［J］．大连海事大学学报（社会科学版），2011（2）：70.

③ 刘鸿鹤．杰斐逊与麦迪逊——美国多数民主与多元民主理论的先驱［J］．大连海事大学学报（社会科学版），2011（2）：70.

损人民群众、赤裸裸地主张君主制，但都对汉密尔顿那种对于人民的轻蔑、不信任有着不同程度的共鸣，而这种政治氛围对于一种民主共和制度的确立无疑是十分不利的。在这个关键的时刻，麦迪逊采取了一种介于主张彻底民主共和制的杰斐逊、威尔逊与主张君主制或贵族制的汉密尔顿等人之间的立场。

首先，麦迪逊认为美国必须采取共和制，不能搞君主制或贵族制。其次，他也承认，这样一个共和制的政府，其所依赖的社会基础应该是全体人民，而不是某一个利益群体。但在相信与依靠人民群众这一点上他是摇摆和犹疑的，他认为多数派对少数派加以侵害、施以暴政的危险始终是存在的，而这必须在共和体制中通过政治机制加以防范和制约。在他看来，公民的自由权与财产权是至高无上、神圣不可侵犯的。那么，怎样保卫少数派的自由和财产，使之不被多数派侵犯呢？麦迪逊认为，问题的解决，不是要在原则上否定人民是国家最高权力的拥有者，不是要剥夺人民的多数参与政治的权利，而是靠增强社会中各个利益群体对于政治的参与程度。在这里，麦迪逊的分寸感、平衡感又一次发挥了作用。在他看来，社会中利益群体的分化与多元化的程度越高，社会就越安全、越稳定，因为这种高度的多元化使得任何一种利益集团都不会成为占压倒性的多数派，而这样少数派的利益就不会受到威胁与损害。①

1787 年 6 月 6 日，麦迪逊在美国制宪会议上发表了一篇著名的演说。他在这篇演说中指出，所有的文明社会都会分化成不同的派别和利益群体，诸如富人和穷人，放债者和借债者，种植园主、工厂主和商人等；人们也会分化为不同政治领袖的追随者，不同宗教派别的信徒等。

① 刘鸿鹤．杰斐逊与麦迪逊——美国多数民主与多元民主理论的先驱［J］．大连海事大学学报（社会科学版），2011（2）：70.

而在所有的这些情形下，不论是在任何地方，只要是人们因共同的利益、共同的欲求而联合成多数派，就会对少数派人们的权利形成严重的威胁。那么，靠什么来防止这种情况的发生呢？靠诚实等优良的品质来规范和约束多数派吗？在麦迪逊看来，由于人们对于善恶是非的判断标准的歧异，一个群体中的人数越多，对于优良品格的赞赏与尊重就越难取得一致和共识。这样一来，唯一可以约束与规范人们行为的就只剩下"良心"（conscience）这一品质。但麦迪逊又指出，"良心"这一品质在作为个体的人的身上本来已经是一个不充分的存在，有如孟子所说的"几希"，而在一个人数众多的群体里，很难指望"良心"会起到指导与规范人们行为的作用。更何况承担教化使命、旨在塑造人们心灵和情操的宗教本身还有可能沦为压抑与迫害人们的工具。在麦迪逊的眼中，古往今来的历史都证实了他上述的论断与思考。他指出，在古希腊和古罗马，不论是富人与穷人，还是贵族与平民，他们都曾经冷酷无情地压迫过对方。即使是在最开明的时代，人们也会仅仅因为肤色的不同而对不同的种族施行最残酷的统治。麦迪逊从这一切的观察与思考中得出的结论是，每当多数派因共同的利益、冲动和欲望而联合起来并得以大行其道的时候，少数派人们的权利就必将处于危险之中。而在一个共和制的国家里，如果多数派得以组织起来，又总是会取得优势的地位。在这种情况下，麦迪逊认为，唯一的救治办法，就是把全社会分化成尽可能多的利益群体，以至于任何一种利益集团都不易成为占压倒性优势的多数派，从而使少数派的利益得到保障。①

① SAUL P K. The Genius of America [M]. New York: McGraw-Hill Book Company, 1960: 106.

二、利益集团的多元化与相互制约

在18世纪的西方社会，西方古典伦理政治观逐渐退出政治思想的主流地位。政治逐步与伦理道德相分离，个人生活的重心也从公共领域转移至私人领域。以亚当·斯密、洛克为代表的经典自由主义者将自由放任的市场规则和以自爱为基础的美德观与法治精神紧密结合，为个人追逐私人利益最大化提供了合法性论证。这些思想深深地影响着麦迪逊，在他看来，自由市场经济不仅能够实现社会的物质繁荣，它所带来的各种利益群体的分化与多元化也会促进社会的均势与政治的稳定。

在麦迪逊的政治思想中，财产权是最为重要的个人权利。和洛克一样，他认为财产是使人安全、独立、自由和获得完整人格、社会价值的重要保证。在他看来，财产通过人类劳动与无生命的物体的结合而产生，对财产权的保护则能够激励个体劳动，促进社会经济繁荣，也能使个人愿意尊重他人、维护社会秩序。

对财产权的威胁，麦迪逊认为主要有两方面：一是过度的权力，即无限制的政府权力对个人自由与权利的侵害；二是过度的自由，即无序的社会秩序和无力的政治权威无法制止社会上一部分人对另一部分人的侵害。他始终认为："文明社会的主要目的就在于保障财产及公共安全。"① 在制宪会议召开前后，他认为无序的社会、羸弱的邦联政府和不加规范的个人行为是个人财产权（尤其是少数人的财产权）的最大威胁，因此，他积极地倡导召开制宪会议，倡导构建一个统一、强大的联邦政府，以此实现对个人自由和财产权的保护，并因此设计了意在使政府能够抑制自身的专制倾向，又能为不同利益集团提供财产保护和政

① FARRAN D M. The Records of the Federal Convention of 1787 [M]. New Haven: Yale Univercity Press, 1937: 18-23.

治参与途径的权力分立与制衡的政治体制。联邦政府成立后，当面对以汉密尔顿为首的联邦党人无视宪法授权而对联邦行政权力肆意扩展，并因此严重威胁公民的经济自由和州政府的权力时，麦迪逊转而以人民主权原则和《权利法案》为武器对抗肆意扩张的联邦权力。他在1791年7月致杰斐逊的一封信里写道："募股（合众银行）的结果不外让一班白昼劫掠之徒获得劫掠的机会而已，那些股票将为那些口袋业已装满赃物的人们占购一空。……这是非常明白的，国家公债所依赖的一班人物，也就是掌握国家的一流角色，而美国的人民也就是要受他们的统治的。极尽人间羞耻之事，就是那一班最积极推进这项计划的议员，却也公然攫取它的利润。"① 此时，他不仅担心膨胀的联邦权力会以税收、通货膨胀和信贷等手段搜刮公民个人财产，还担心这些权力会对个人的言论自由、出版自由和智识（intelligence）自由等权利造成威胁。但终其一生，麦迪逊对因个人财产占有差异带来的经济与政治地位的差异既尊重又害怕，对由于生产力的不断发展而逐渐扩大的无产者队伍可能对少数人的个人财产造成的威胁忧心忡忡。他始终在政府权力的一端和个人自由的另一端寻找最佳的平衡点，并始终强调：对财产权的保护是政府存在的首要目的，无偏差地保护每个人的权利的政府才是正义的。尽管麦迪逊的具体政治主张会随着时局的变化而略有调整，但其对均衡、稳定的政治格局的设想，以及政府运用公正的权威和权力来保护和调节个人自由与权利的主张始终如一。

麦迪逊赞同亚当·斯密对人类四种生存方式的划分，即狩猎、畜牧、农耕和商业，他认为商业代表着社会的文明，他将美国视为一个"商业共和国"。但他并不认为每种生产方式都比之前的生产方式更为

---

① 比尔德．美国宪法的经济观［M］．何希齐，译．北京：商务印书馆，1984：89.

高尚，因为，在他看来，人好逸恶劳的本性永远不会改变。他看到了商人阶级与其他阶级的不同，并指出“他们的财产和甚于其他阶级的对财产追求的本性让他们很少能永久地忠于他们的国家”①。在他看来，农事生产活动有利于培育健康、学识、独立、自由等“自然美德”，而其生产者也会因对土地的依赖生成对国家的依赖感，因此，自耕农才是文明社会保持健康发展的阶级基础。但是，他又预感到人口的增加、土地资源的稀缺以及工业生产力的发展必然导致大量农业人口转向其他产业。他鼓励具有农事特征的行业的发展，认为以“流行”（fashion）和“过剩”（superfluity）为特征的工业生产应当居于其后，而一个阶级依赖另一个阶级的职业最不应当鼓励。麦迪逊主张自由市场经济，他认为个人和组织的自利行为有利于社会的繁荣与稳定，同时，大多数人也会在自由竞争的市场秩序中意识到财产权对其获得追求幸福之权利至关重要，而财产状况也会成为是否拥有投票权的重要衡量标准，在此，财产权成了连接公民个人与政府的特殊纽带。

麦迪逊以洛克的自然权利观和亚当·斯密的自由主义经济观解读其所处时代的社会经济与政治问题，并认为“好的政府必须建立在人类自由最大化的框架基础之上”②。他关注个人的幸福与权利的实现，但是，在其所设计的政治体制中，个人的政治行为所起的作用十分小。他眼中的个人往往处于孤立无援的状态，是具有理性的，也是胆小的，他们必须与利益相似者结成同盟才能获得自信与力量。因此，他首要的政治考虑，是通过利益集团的无限分化和相互制衡达到社会力量的平衡，以及利益集团通过分权制衡的政治体制进行的政治参与所实现的政治力

① MATTHEWS R K. If Men Were Angles: James Madison and the Heartless Empire of Reason [M]. Lawrence, Kansas: University Press of Kansas, 1995: 94.

② 伊拉扎. 联邦主义探索 [M]. 彭利平，译. 上海：上海三联书店，2004: 108.

量的均势。同时，又依靠分权制衡的政治体制实现政府对自身的控制。政府不能太强也不能太弱，它要具有协调各种利益和保护个人的自由和财产的能力，又不能威胁到个人的自由与财产。可见，麦迪逊的权利思想与经济思想带有浓厚的经典自由主义特征，也反映了他对政府和人性的双重怀疑，以及对社会混乱和政治动荡的恐惧。在一定程度上，他不会成为像杰斐逊一样的民主主义者的原因恰在于此。

在麦迪逊看来，所谓“利益集团”（faction）是指“一些公民，无论他们构成全体公民中的多数还是少数，联合在一起，并为某些共同的情感、欲求或利益所驱策，而他们的诉求与行动往往会侵害其他公民的权利，或是有悖于社会的长远利益和整体利益”①。可见，麦迪逊所说的“faction”，其内涵等同于当代英语中的“interest groups”。在他看来，不同利益集团产生的根源在于个人在能力与禀赋上的差异。人们的才能使得他们得以通过劳动创造财富，而他们在能力上的差异又造成了他们对于财富占有的差别。

麦迪逊认为，财产占有的差异和人们对自身利益维护的倾向使人们常常反对与之对立或冲突的他者利益，而资源的有限性和人性之弱点又必然会促使人们相互仇恨、彼此倾轧，在此过程中，相同利益者极易团结和联合。对此，他写道：“有产者和无产者在社会上总会形成不同的利益集团。债权人和债务人也有同样的区别。土地占有者集团、制造业集团、商人集团、金融业集团和许多较小的集团，在文明国家里必然会形成，从而使他们划分为不同的阶级。”② 在麦迪逊看来，社会中存在

① MADISON J, HAMILTON A, JAY J. The Federalist Papers [M]. New York: New American Library, 1961: 301.

② 汉密尔顿，杰伊，麦迪逊．联邦党人文集［M］．程逢如，在汉，舒逊，译．北京：商务印书馆，2019：47.

着各种不同的利益集团或阶级、阶层，这主要是由经济因素决定的。在这一点上，他与马克思有相似之处。他认为，不同集团或阶层的人们具有不同的社会利益，不同的情感、动机和价值观，而且他们之间的利益往往是相互矛盾、相互冲突的。既然人们阶级地位的不同主要是由经济地位的不同决定的，那么造成经济地位差异的原因又是什么呢？麦迪逊认为其原因在于人们的禀赋与能力不同。也就是说，人们禀赋与能力的不同决定了其财产的多少，进而决定了其思想、情感和观念的歧异。也正是在此基础上，才形成了不同的阶级和党派，也就产生了各利益集团之间的矛盾和冲突。

在《联邦党人文集》第十篇中，麦迪逊指出，一个社会之所以会产生不同的利益群体，其根本的原因在于人们对于财产的获取方式的不同和占有的不平等。他认为，在文明的国家里，必然会产生大土地所有者、工商业资本家、金融资本家等利益集团，以及一些较为弱势的利益群体，他们被不同的思想与情感驱策，分化为不同的阶级；而对这些不同利益集团之间矛盾与冲突的协调与管理就成了现代国家政府的最主要任务。可见，在麦迪逊看来，人们对于财富的占有不平等，取决于人们在天赋、能力等方面的差异，而这种差异又决定了人们必然要分化成不同的利益群体。对于人们这种有差异的能力和天赋，政府必须加以保护，而保护人们这种获取财富的不平等的天赋和能力，就必然造成人们对于财富占有的不平等，进而使人们形成不同的思想观念与情感，最终导致整个社会分化成不同的阶级与政党。

对于社会阶级分化的清醒认识，使得麦迪逊得出了进一步的结论：不同阶级的人们拥有不同的思想感情。他指出，由于经济利益的差异，人们的宗教信仰、政治观点以及对许多理论、实践问题的见解也会不同，有时人们的思想与情绪会走向偏执与狂热。麦迪逊指出："热心于有关宗教和政体的不同意见，以及其他许多理论和实践上的见解，依附于各种野心勃勃、争权夺利的领袖或依附于其财产使人们感兴趣的人，相继把人们分为各种党派，煽动他们彼此仇恨，使他们更有意于触怒和压迫对方，而无意为公益而合作。人类互相仇恨的倾向是如此强烈，以致在没有充分机会表现出来时，最琐碎、最怪诞的差别就足以激起他们不友善的情感和最强烈的冲突"①，最终，"由于这一切对各财产所有人的感情和见解的影响，从而使社会划分成不同利益集团或党派"②。

对于如何解决由阶级分化而带来的各种利益集团之间的矛盾和冲突，麦迪逊却得出了与马克思不同的结论。马克思认为阶级的分化必然导致阶级斗争，而问题的最终解决是要通过无产阶级革命，建立无产阶级专政，进而消灭私有制，消灭一切人剥削人和人压迫人的制度。而麦迪逊则认为阶级的分化是社会生活中的一种不可避免的、必然的现象，问题的解决只能通过政府的努力来协调与缓和各利益集团之间的矛盾与冲突，进而实现社会的和谐。

那么，具体来讲，如何解决由阶级矛盾带来的弊害呢？是消除其产生的根源，即人们在禀赋与能力上的差异吗？麦迪逊对此给予了否定的回答。在他看来，那样就意味着消除了个人发展自身才能的自由，而自由才是文明社会的最高价值标准。麦迪逊认为真正的出路在于：首先公开承认人们差异的存在，不管是在思想还是在财产方面，然后由政府通过保护每个阶层的利益来控制由人们能力的差异带来的负面后果，也就

① 汉密尔顿，杰伊，麦迪逊．联邦党人文集［M］．程逢如，在汉，舒逊，译．北京：商务印书馆，2019：46.

② 汉密尔顿，杰伊，麦迪逊．联邦党人文集［M］．程逢如，在汉，舒逊，译．北京：商务印书馆，2019：46.

是说由政府尽可能防范任何党派和阶层侵犯其他党派和阶层的权利和利益。① 这才是政府的首要职责。

此外，麦迪逊认为利益集团在大体上可分为两种：一是以情感为基础建立的，诸如宗教团体、政治党派等；二是以利益为基础建立的，尤指各种经济利益集团。他认为前者由于受个人情感因素的影响而易反复无常，所以也更易带来社会危害，因此需要格外加以控制，但这种控制并非直接来自政治权威，而是通过无限分化这些利益集团的方式实现它们彼此间的相互约束；而后者不仅具有更多的理性，还会带来社会物质的繁荣，同时，自由社会中的这些利益集团的多元化也是治愈“党争之害”的良药，因此，这类利益集团也是共和制政府得以存续的保证。在他看来，秩序的产生就是由人的理性控制政府，再由政府控制人的情感的过程。他尤其恐惧被激烈的情感与欲望（violent passion）控制的多数人的力量，以及不加制约的政治权力被某些利益集团利用的后果。在他看来，由于人性的自私，在民主的政治体制中如果一个团体长期是多数派，必然会用其权力压制少数派的利益，他认为整个西方政治发展的历程都证明了他的这一论断。对此，他说道：“在所有多数派是由共同利益或热情团结起来的情况下，少数派的权利就处于危险之中。限制他们是出于何种动机呢？经验证明个人和社会团体很少谨慎地关注这一格言——诚实是最好的政策。对人的尊重总是按照人得到指责或赞扬的数量的分化而弱化。良知这唯一尚存的纽带，众所周知在个人中间是有所不足的，而对于大量的人，更不要期望过大。”② 他认为管理各种各样又互不相容的利益集团，是现代立法的主要任务，并且要创设相应的机

① 刘鸿鹤．杰斐逊与麦迪逊——美国多数民主与多元民主理论的先驱［J］．大连海事大学学报（社会科学版），2011（2）：71.

② 阿克顿．自由史论［M］．胡传胜，等译．南京：译林出版社，2001：228-229.

制，使各种利益集团得以组织起来，向政府提出诉求，影响政府的决策。① 此外，他主张利用联邦共和国的规模优势无限分化社会利益，以实现他们彼此间的相互制约；同时，建立一个中立、正义的政治权威和一个分权制衡的政权组织结构，使其可以在各方利益相互冲突时进行公正的调节，使得没有一种社会力量可以轻易攫取全部的政治权力。

三、分权代议制促成利益集团的分化与相互制约

在麦迪逊看来，解决利益集团之间的矛盾与冲突是政府存在的首要职责。他将政府的角色比喻为监狱的看守，看守的职责是维护监狱的稳定以及避免囚徒间的相互伤害，而政府的职责则在于维护社会的稳定，保护各利益群体（利益集团）的存在和发展，并避免其相互间的冲突与倾轧。具体来看，政府的职责可分为两个层次：一是维护和协调，既然派系的产生和相互间的竞争不可避免，且具有某种程度的破坏性，那么，作为由人们平等订立契约而产生的政府就应当尽量协调各种派系和利益集团间的关系，为每个派系和利益集团的存在和发展提供可能，并使它们之间相互牵制，以保证没有一个利益集团会永远赢下去；二是要控制因派系（利益集团）间的竞争而产生的弊端和危害，他认为如果各利益群体间的竞争被放任，“少数派”的权利就极易遭受“多数派”的侵害，尤其是在后者执掌权力之后。

因此，在政府体系的具体设置上，麦迪逊意图在最大的范围内分化和挫败“多数派”。他所设想的政治体制拥有最广泛的权力基础，但是因为纯粹的民主制，即直接民主制只适用于小范围，因此解决不了派系

---

① 汉密尔顿，杰伊，麦迪逊．联邦党人文集［M］．程逢如，在汉，舒逊，译．北京：商务印书馆，2019：47.

之争的问题，所以，他将共和政体直接解释为代议制本身，将共和制政体的政府职权委托给由人民直接或间接选举出的代表，通过他们辨别和维护人民的真正利益，即国家实行间接民主或代议制民主。他鼓励各利益集团和阶层间的相互竞争和广泛的政治参与，并由民选代表和层层设置的代议制机关直接回应这些利益集团和阶层的利益诉求和意志表达，以此实现分化的政府职能间的相互制衡。麦迪逊认为在如美国这样广袤的土地上，由于利益的多样化，社会才可能被分化成无数的群体，而各种利益又不可能固定不变，新的派别又会不断产生，因此没有哪个派系会长久保留，故而很难形成长久处于支配地位的多数派，这一有利的客观条件使得美国拥有了解决派系之争的多元社会基础。

麦迪逊虽然并不否认人类社会中会有“开明政治家”的出现，也坚信政府权力来源于人民，以及人民对政府的行为享有最高监督权的政治理论，但是，他同时认为政府的权力并不会经常由开明政治家执掌，并且担心人民中的多数派会侵害少数派的权利，而要防止这些弊端，能真正长久依靠的只有政治制度本身。而当时的邦联制“政府太不稳定，在敌对党派的冲突中不顾公益，决定措施过于频繁，不是根据公正的准则和小党派的权利，而是根据有利害关系的占压倒多数的超级势力”①。所以，“保护公益和私人权利免遭这种党争的威胁，同时保持民众政府的精神和形式”② 的政治体制才是麦迪逊心目中理想的政府形式，也是他终生追逐的梦想。

在麦迪逊看来，因多元利益产生的派系之争问题的解决不在于剥夺

---

① 汉密尔顿，杰伊，麦迪逊．联邦党人文集［M］．程逢如，在汉，舒逊，译．北京：商务印书馆，2019：45.

② 汉密尔顿，杰伊，麦迪逊．联邦党人文集［M］．程逢如，在汉，舒逊，译．北京：商务印书馆，2019：48.

人们的多数参政权利，而在于保证多元化的经济利益和政治利益的普遍存在，促使利益集团和派系尽可能地分化，并增强其政治参与的可能性，这样，多样化且不固定的众多利益集团之间可以实现相互平衡与制约，任何利益集团都不易成为占绝对优势的多数派。在麦迪逊的观念中，这种利益与派别的多元化的程度越高，政治就越稳定，社会就越安定。

麦迪逊的多元主义政治思想意在通过对权力的分化与制衡来防治权力的滥用与腐败。同时，分权制（decentralized government）又会给各种利益集团表达政治诉求、影响政府决策提供途径。各利益集团通过政府内部分化出的各种机构表达自身的利益，确保各派系无论大小都有可能影响政治决策和政治运行，甚至挑战和批评政府的政策。为此，在宪法起草中，麦迪逊除对联邦和各州两级政府、立法、司法、行政三个部门的职能划分做了详尽的规定外，在选举方式、任期、人员构成等方面又进行了细致的设定和规范。三个部门最高长官的人选直接或间接地由人民选举产生，以希望这些代表既能代表人民的意志，又能超越个人的偏见与短视。但三个部门的选举方式各不相同，众议院由人民直接选举，参议院由各州议会选举，总统则由人民选出的总统选举人团选举产生。在成员组成上，麦迪逊认为要“使各部门的成员对其他部门成员的任命尽可能少起作用”①，即三个部门应由不同的人员构成，且各部门成员不能同时在两个或两个以上部门任职，以此确保政府机构的设置和职能真正分立。在任期上，众议院为两年，参议院为六年——每两年更换议员总数的三分之一，总统任期为四年，联邦最高法院的法官则是终身制。这样，在同一时间内，选民中的多数派只能影响政府某一部门

① 汉密尔顿，杰伊，麦迪逊．联邦党人文集［M］．程逢如，在汉，舒逊，译．北京：商务印书馆，2019：263-264.

的成员组成。

在这种分权制政治结构下，各利益集团可以根据自身需要寻求体制保护，可以通过诸如选举、诉讼等方式实现其利益需求。20 世纪 60 年代，作为一种利益集团的美国全国有色人种协会向美国国会吁请废除美国学校中实行的白人与黑人分校的种族隔离制度，遭到国会拒绝。他们转而向美国联邦最高法院诉求，并最终获得了胜利。这是美国历史上利益集团利用分权制政治结构影响政府决策的一个著名案例。

（一）联邦共和国的规模优势

麦迪逊认为自由的社会必然存在各种利益集团，而“如果多数人由一种共同利益联合起来，少数人的权利就没有保障”①。在《美国邦联政体的弊病》一文中，他首次提到他对“多数人的暴政”的担忧，对此，他写道：“共和制政府由多数人（不管它如何组成）制定法律。所以，当出于某种明显利害关系或某种共同的偏爱而促成某一多数时，用什么方式能够限制他们有失公允地侵犯少数的或个人的权利、利益。”② 在《联邦党人文集》的第五十一篇中，他更加明确地指出：“在共和国里极其重要的是，不仅要保护社会防止统治阶级的压迫，而且还要保护一部分社会反对另一部分社会的不公。”③ 在美国的多元化社会背景中，他找到了解决这一问题的答案，即通过共和国的规模和政府结构的适当安排来实现“善治”。也正是在对利益集团问题的解决中，麦迪逊拓展了共和国的内涵。他认为“大共和国”（the extended

① 汉密尔顿，杰伊，麦迪逊．联邦党人文集［M］．程逢如，在汉，舒逊，译．北京：商务印书馆，2019：266.

② BRANT I. James Madison and American Nationalism［M］. New Jersey：D. Van Nostrand Company，1968：172.

③ 汉密尔顿，杰伊，麦迪逊．联邦党人文集［M］．程逢如，在汉，舒逊，译．北京：商务印书馆，2019：266.

republic）的辽阔地域能够产生多元化的利益格局，同时，在此基础上通过代议制和分权制衡的政权组织形式更加能够抑制政府为局部势力所控制。

在麦迪逊之前，人们观念中的共和国主要是古希腊、古罗马时期的城邦共和国，他们普遍认为地域广阔的地区无法实行共和制政体。在《论法的精神》中，孟德斯鸠指出："共和国从性质来说，领土应当狭小；要不这样，就不能长久存在。"① 与麦迪逊同时代的约翰·亚当斯和汉密尔顿也认为美国的幅员辽阔迟早会使其走向君主制。麦迪逊的看法恰好相反。在他看来，社会越小越容易形成压迫少数人的多数派，而能够存在诸多利益派别并相互抗衡的土壤才是公民权利维护的现实保障，"大共和国"恰好提供了这一土壤。

麦迪逊否认直接民主，他的"大共和国"概念是针对古典共和主义所主张的施行直接民主的"小共和国"而言。他说，"纯粹的民主政体——这里我指的是由少数公民亲自组织和管理政府的社会——不能制止派别斗争的危害。几乎在每一种情况下，整体中的大多数人会感到有共同的情感或利益……没有任何东西可以阻止牺牲弱小党派或可憎的个人的动机。这种民主政体就成了动乱和争论的图景，同个人安全或财产权是不相容的，往往由于暴亡而夭折"②。在他看来，民主政体的特征就是极易形成由多数人所构成的利益集团（majority faction），这些利益集团反对社会的永久利益，并使少数人的利益遭受损失。小共和国无法解决这一问题，因为"社会愈小，组成不同党派和利益集团的可能性就愈少；而组成多数的人数愈少，发现同一党派占有多数的情况就愈

① 孟德斯鸠．论法的精神［M］．张雁深，译．北京：商务印书馆，2009：147.

② 汉密尔顿，杰伊，麦迪逊．联邦党人文集［M］．程逢如，在汉，舒逊，译．北京：商务印书馆，2019：48-49.

多；而组成多数的人数愈少，他们所处的范围就愈小，他们就更容易结合起来，执行他们的压迫人民的计划”①。而“大共和国”在此问题的解决上，显示出了无与伦比的优势：“共和政府能比民主政府管辖更为众多的公民和更为辽阔的国土；主要就是这种情况，使前者的派系联合没有后者那么可怕。”② 他认为“大共和国”的人口众多、地域广阔，为各种利益的产生与发展提供了前所未有的机遇与空间，而多元化的利益共存又会自然形成相互间的制约与平衡，这样，一派独大的情形很难出现。在他看来，把共和国的范围扩大“就可包罗种类更多的党派和利益集团；全体中的多数有侵犯其他公民权利的共同动机可能性也就少了。换句话说，即使存在这样一种共同动机，所有具有同感的人也比较难于显示自己的力量，并且彼此一致地采取行动”③。

同时，麦迪逊将其“大共和国”理念与代议制主张相结合，认为较之小共和国，人民在“大共和国”中更易选出适宜的代表。具体来说：第一，由于“代表的人数并不同两个共和国的选民的人数成正比例”④，因而，“大共和国”中的合适人选的比例不会小于小共和国，这样，选民在“大共和国”中就有更多的选择机会，从而更有可能选择合适的代表；第二，由于“大共和国”的选民人数多于小共和国，因此，对“大共和国”的候选人来说，他们更不易通过非正常手段获取多数选民的支持，这样，“大共和国”的自由选民更容易选举品德和智

① 汉密尔顿，杰伊，麦迪逊．联邦党人文集［M］．程逢如，在汉，舒逊，译．北京：商务印书馆，2019：50.

② 汉密尔顿，杰伊，麦迪逊．联邦党人文集［M］．程逢如，在汉，舒逊，译．北京：商务印书馆，2019：50.

③ 汉密尔顿，杰伊，麦迪逊．联邦党人文集［M］．程逢如，在汉，舒逊，译．北京：商务印书馆，2019：50.

④ 汉密尔顿，杰伊，麦迪逊．联邦党人文集［M］．程逢如，在汉，舒逊，译．北京：商务印书馆，2019：49.

慧都较高的代表。由此可见,“大共和国”不仅由于具有多元化的利益格局而能够推动各利益集团相互制衡的实现,而且更有条件发挥代议制的优势。他进一步指出:“共和政体在控制党派方面的影响优于民主政体之处,同样也正是大共和国胜于小共和国之处,也正是联邦优于组成联邦的各州之处。”①

麦迪逊的“大共和国”理念与建立一个强大的联邦政府的政治主张紧密相关,但在当时,这不仅与传统的共和主义的政制设计原则不符,也有悖于独立战争之后的北美人民对政府和共和政体的理解,同时,人们也普遍认为多元的利益分化必然导致政治冲突和政治斗争。在这种情况下,麦迪逊对于大共和国的合理、合法性进行了充分的论证。他创造性地将利益集团、代议制、联邦主义、三权分立等制度设计相结合,解决了在广阔疆域和资本主义生产方式下实现公民自治的政制可能,他认为“善”的政府应当保护公民的财产权并施行自由市场秩序,以促进社会利益的多元化,这样,疆域广阔的共和国会最大限度地实现社会利益与阶层的分化和相互制约,以此获得政治的稳定和社会的均势。

(二)代议制政府

在麦迪逊看来,财产占有的多寡取决于个人的能力与禀赋,而个人财产占有的差异又带来个人思想观念与价值判断的差异。在社会交往中,由于同种或相似利益和意志而结成的各派别(利益集团)或阶层在有限的社会资源中必然会产生种种矛盾和冲突,派别间以强欺弱的状况时有发生,这时,能够处于中立状态的权威在处理利益集团争端问题

---

① 汉密尔顿,杰伊,麦迪逊.联邦党人文集[M].程逢如,在汉,舒逊,译.北京:商务印书馆,2019:50-51.

中的作用显得尤为重要。因此，解决各派别利益的矛盾和冲突成为政府存在的首要职责。

那么政府该如何面对利益集团之争呢？是消除其产生的原因，即消除个人能力与禀赋之间的差异吗？麦迪逊对此给予了否定的回答，他认为，一方面，使各利益集团得以存在的自由之价值不可消灭，因为“自由于党派，如同氧气于火，是一种离开它就会立刻熄灭的养料。但是因为自由会助长党争而废除政治生活不可缺少的自由，这同因为空气给火以破坏力而希望消灭动物生命必不可少的空气是同样的愚蠢”①，可见，他视自由为美国社会的最高价值准则；另一方面，如果“给予每个公民同样的主张、同样的热情和同样的利益”② 也不可能，这抹杀了个人才能和价值选择上的差异性，同样违背了文明社会的自由准则。因此，在麦迪逊看来，由政府控制利益集团之争的影响才是解决派别之争的唯一可行方式，即政府应首先承认并保护个体差异的存在，尤其是确保个人的财产私有权，同时，实施自由市场秩序，以此尽可能地分化社会利益，使其相互制约，并由此实现社会的均势与平衡。

当然，政府在协调和控制利益集团之间相互竞争的过程中必须被授予权威和一定的权力，但是，又由于政府和权力同样不可信，所以这种权力的授予必须是确定的、有限的和必要的。这恰恰是麦迪逊设计的政府结构的精彩和难点所在：“必须首先使政府能管理被统治者，然后再使政府管理自身。”③

① 汉密尔顿，杰伊，麦迪逊．联邦党人文集［M］．程逢如，在汉，舒逊，译．北京：商务印书馆，2019：46.

② 汉密尔顿，杰伊，麦迪逊．联邦党人文集［M］．程逢如，在汉，舒逊，译．北京：商务印书馆，2019：46.

③ 汉密尔顿，杰伊，麦迪逊．联邦党人文集［M］．程逢如，在汉，舒逊，译．北京：商务印书馆，2019：264.

在政府体系的具体设置上，麦迪逊意图通过分权制衡的政治体制分化政府的职权，以最大可能地防止政治腐败、政治专制，并控制利益集团之争给社会发展造成的危害。他坚持“人民主权”的政治原则以保证新生的联邦制政府拥有最广泛的权力基础，但他同时意识到直接民主制（direct democracy）只适用于小共和国，它不仅无法解决利益集团之争的问题，也不适用于一个地域广大的国家和社会事务日趋复杂的现代社会。他认为在现代社会中“没有人可以被允许成为和他自己有关的案件中的法官，因为他的利益必然会使他在判断中偏心，因此不可避免地损坏他的正直和诚实的形象。基于同样的原因，我们有理由认为一个团体也不适合在同一时间既是法官又是当事人”①。在他看来，政府在本质上是一个具有仲裁权的权威机构，它应当中立地权衡各方利益，并使社会形成一种公正的平衡；而中立的仲裁者不能诉诸外来力量，只能通过已经脱离地方裙带关系的官员所组成的政府来充当，这样，政府就能以中庸和公正的态度裁判各种利益冲突。基于以上这些原因，麦迪逊认为代议制是符合正义原则、人民主权原则且唯一实用的政权组织形式。在此，麦迪逊将共和政体等同于代议制。在《联邦党人文集》第三十九篇中，他指出“我们可以给共和国下个定义，或者至少可以把这个名称给予这样的政府：它从大部分人民那里直接、间接地得到一切权力，并由某些自愿任职的人在一定时期内或者在其忠实履行职责期间进行管理”②。可见，麦迪逊所说的共和国即是后人所称的间接民主

① 威尔士．美国宪法之父：詹姆斯·麦迪逊传［M］．刘红，冉红英，译．合肥：安徽教育出版社，2006：26.

② 汉密尔顿，杰伊，麦迪逊．联邦党人文集［M］．程逢如，在汉，舒逊，译．北京：商务印书馆，2019：193.

(indirect democracy)，或代议制民主（representative democracy）的政体模式。

在麦迪逊的政治构想中，代议制不仅成为与“大共和国”的规模优势并行的防治多数人的暴政和弱化利益集团之争的重要途径，也与权力制衡原则一同构成了联邦政府的政治制度设计原则，同时，它也是人民主权宗旨的载体和表现形式。通过普选作为公民主要政治参与手段的制度设计，麦迪逊的“虚拟代表的理论随时都可以用来弥补天赋人权与理存惯例之间的差距”①；由人民直接选举出的代表组成联邦众议院，众议员数量按各州人口比例分配，任期两年；参议员由各州议会选举产生（1912年通过的宪法修正案第十七条改为由人民直接选举产生)，每州两人，任期六年，每两年更换三分之一；总统由人民选举出的“选举人团”选举产生，任期四年；他们分别基于各州人民、各州议会、全国人民的利益而存在，且不得同时在两个或两个以上的部门任职。他的“主要思想就是从根基上，也就是在政府各部门的政治权力的来源上，分散侵犯的力量”②。这样，联邦政府每两年就会进行人员的调整，而每调整一次，至少有九分之四的部分（联邦法院的大法官终身制）完全稳固。麦迪逊并不认为各种局部利益是自私的利益而应当抹杀，相反，他尊重这些利益的客观存在，并以与之相适的方式划分和安排某些公职，“以便彼此有所牵制——使个人的利益可以成为公众权利的保护者”③，这样，对私利的维护成为社会均势与政治稳定的重要前提。这

① 帕灵顿．美国思想史（1620—1920）［M］．陈永国，等译．长春：吉林人民出版社，2002：212.

② 比尔德．美国宪法的经济观［M］．何希齐，译．北京：商务印书馆，1984：113.

③ 汉密尔顿，杰伊，麦迪逊．联邦党人文集［M］．程逢如，在汉，舒逊，译．北京：商务印书馆，2019：265.

种普选制的确立既最大限度地避免了人民直接参与政治可能引起的政治动荡，又使联邦政府通过各组成部门间的产生方式、职权设定等方面的差异化获得了最大限度的内部稳定。至于代表的比例设定，麦迪逊将之与联邦共和国的规模优势相结合，他指出："把一定的权力委托给六七十人，可能比委托给六七人更为适当……但是不能因此就说，六七百人就相应地成为更好的委托……如果我们继续假定六七千人，整个理论就应该颠倒过来。"① 他认为：一方面，为了避免别有用心之人以阴谋和贿赂获取参政权，违背人民的利益，必须适当扩大人民代表的数量，而地域之广使得政府更易获得胜任的代表，从而"升华和扩展"公民的意志，这样，规模的增加有助于政府决策质量的提升；而另一方面，基于"一次只能有一位演说者能够被倾听和得以理解"② 的事实，代表的组成人数越多，越容易产生混乱和过激，这样，不仅每个代表表达自身意志的机会缩小，领袖人物的主导性增强，政府政治协商的能力相应降低，而且"人数越多，知识肤浅、能力薄弱的成员所占比例就越大"③；因此，代表数量必须达到一定的数目，又限于一定的数目。

麦迪逊为什么这样说呢？这是因为，一方面，他反对专制，反对把权力集中于极少数人的手中；另一方面，他又对人民大众心存疑惧，害怕他们侵犯少数有产者的权利。所以，西方学者安德鲁·海伍德（Andrew Haywood）指出，在麦迪逊的代议制理论中，"代表总是带有精英

---

① 汉密尔顿，杰伊，麦迪逊．联邦党人文集［M］．程逢如，在汉，舒逊，译．北京：商务印书馆，2019：283.

② 奥斯特罗姆．复合共和制的政治理论［M］．毛寿龙，译．上海：上海三联书店，1999：90.

③ 奥斯特罗姆．复合共和制的政治理论［M］．毛寿龙，译．上海：上海三联书店，1999：91.

主义的色彩：政府是被一小群职业政治家操控着的，而民众却无法接触到政治权力”①。麦迪逊认为联邦国家的规模使接受良好教育的社会精英更易成为人民的代表，由于他们具有更高的智慧和美德，能够更好地判断人民的利益，并依据自己的价值来进行政治决策，而地域之广又能使他们综合其他地域代言人的利益，从而获得更好的政治判断，因此，这些代表未必要完全因应选民的意志。这种代议制区别于“忠诚反映人民意志”的代表制，而与柏克主张的政府“托管”模式极为相似。其优点在于，它可以使代表不受委托人意志的束缚，避免委托人欠妥当和错误的政治判断造成的社会危害；其缺点在于，它可能导致代表为增进自身利益或维护社会精英的总体利益而违背社会民众的利益与意志。这样，原本是以人民主权为原则和基础建立起来的代议制政府，却可能由于使政治决策成为少数人实现自身利益的手段，而侵害人民主权的基本政治原则。

（三）变动的多数与多数裁定规则

纵观世界政治历史的演进，麦迪逊得出了“多数派占优势的权能，滥用政治特权牺牲他人的利益而牟取私利，是以民主或共和规则为基础的政府最基本的弊端”② 的结论。而其政治构想就在于防止这种“多数人的暴政”。正如达尔所指出的，“麦迪逊的理论把非暴政的共和国当作最大化的目标”③。麦迪逊认为要防止或减弱利益集团之争的危害不是靠政府通过强制力来消除社会利益差别和各利益集团的政治影响力，

---

① 海伍德．政治学核心概念［M］．吴勇，译．天津：天津人民出版社，2008：181.

② 奥斯特罗姆．复合共和制的政治理论［M］．毛寿龙，译．上海：上海三联书店，1999：97.

③ 奥斯特罗姆．复合共和制的政治理论［M］．毛寿龙，译．上海：上海三联书店，1999：69-70.

而在于政府要保护个人的财产权和施行自由市场经济秩序，以此维护并无限分化社会的各种利益，这样，各种利益集团之间就可以实现相互制约与平衡，而且任何一方都不易成为社会中占绝对优势的多数派。他认为这种机制会有效地防止“多数人的暴政”。同时，他推崇代议制的政府组成方式，认为人民主权的政治原则并非指人民直接管理国家事务，而是说人民能够通过直接或间接的选举方式选择国家代议制机关的组成人员。他认为在“大共和国”范围内，人民更易选择出好的代表，后者更为理性和智慧，更能够分辨是非、判别人民的利益，因此更易做出正确的政治决策。

但是，问题依旧存在，被选举出来的代表的理性同样受制于自爱、情感与对眼前利益的关注，如何保证他们的政治决策能够公正呢？对此，麦迪逊指出：“依靠人民是对政府的主要控制；但是经验教导人们，必须有辅助性的预防措施。”① 同时，他看到如果社会中出现一个多数派运用其支配地位损害他人利益，受其伤害的其他派别可以通过结盟的方式加以对抗，使其损失最小化；而如果社会缺乏制度化的利益表达途径，那么利益受损派别遭受侵害的程度越深，他们愿意动用极端手段维护自身利益的可能性越大，这样，社会就易产生动荡，所有人的利益都会遭受损失。因此，他又提出：“在根治共和病方面，适当的结构与范围一样重要。”② 这种辅助性的防御措施和适当的结构都是指分权制衡的政治结构，此政治结构与“利益集团机制”相配合，成为防范

① 汉密尔顿，杰伊，麦迪逊．联邦党人文集［M］．程逢如，在汉，舒逊，译．北京：商务印书馆，2019：264.

② 奥斯特罗姆．复合共和制的政治理论［M］．毛寿龙，译．上海：上海三联书店，1999：101.

"多数人的暴政"的相辅相成的政治机制。

具体来说，分权制衡的政治结构的价值在于：第一，分化的政治结构为每个利益集团提供了政治参与的制度化途径，满足了社会利益多元化的现实需要；第二，分权制衡的政治结构能够防止某一利益集团同时控制所有政治部门的权力；第三，为利益集团提供了阻碍竞争对手利益实现的政治途径；第四，分化的政府权力和职能拓展了政治决策的层面和渠道；第五，给予每个部门对抗其他部门威胁的手段，避免政治专制的发生，从而使政府防止自身的腐败及权力的滥用；第六，通过复杂的政治决策过程适当地遏制部门意志，防止其轻易上升为国家意志，通过各部门间的相互钳制、协商和妥协，获得更为符合正义原则的政治决策。这样，通过联邦共和国的规模优势、代议制的政府组成方式和适当的政权结构设置最大可能地获得了正确的理性，以这些理性控制政府，再由政府抑制社会可能出现的非理性，社会和政治均由此实现稳定。可见，在麦迪逊的观念中，社会利益与派别的多元化程度越高，社会就越安定；政府机构设置和职能设计的复杂性越强，政府就越稳定；而社会利益的多元化与分化的政府机构间的相互制衡越有效，政治就越容易呈现均势与平衡。这样，分权制衡的政治结构与利益集团机制相结合，共同弱化了"政府之恶"和"利益集团之恶"，从而弥补了共和制度的缺陷。

麦迪逊主张建立一个被多数人认同（consent）的政府，但他认为多数并不等于全体，也不是共同体中具有持续性优势的一大部分人，他们只是部分人在某一决策中产生的暂时多数。这种对于多数决定原则（majority rule）的矛盾态度，恰恰反映了麦迪逊及其同僚们通过制度设计防止美国民主化的意愿。达尔将美国的这种"令出多门"和"权力分散”的政治体制称为“多元政体”（polyarchy），他认为这种多元政体的特征在于：竞争性、包容性和规则性。在这种“多元政体”中，每个利益集团在理论上都有机会通过选举的方式让自己的代表进入政府表达自己的利益。由于各种利益的相互竞争，总会出现一些具有优势的利益集团，但由于社会的开放性，这些优势利益集团并非总是固定的。虽然各种选举中基本上是以相对多数原则为获胜标准，但由于众议员、参议员和总统在选举方式、选举周期上存在的差异，以及“各部门成员不能同时在两个或两个以上部门任职”的规定，没有哪个利益集团能够在每次选举中都让自己偏好的被选举者当选，从而得以完全控制政府。普选的压力同样制约了政客，为获得选举的胜利或最大范围的政治决策支持，政客们既愿意寻求特定时期的优势利益集团的政治支持，也需要最大可能地兼顾更多选民，这种政治竞争更加使各利益集团的政治势力与影响力充满了不确定性。这种代议制和分权制衡的政治体制相结合的复杂制度设计最大限度地钳制了多数派的力量，使其“不能够凭直接选举为所欲为，而且就算他们能够冲破总统和参院的间接选举的障碍，在政府的政治部门内产生影响，他们也得经过六年的时间。最后，这里还有一种司法的钳制，这种力量只有凭借需要时间的委任权力或经过麻烦的修正制度的手续，才能够加以操纵”①。

具体来看，麦迪逊在《联邦宪法》中除对两级政府、三个部门的职能、选举方式、任期、人员构成等方面做了细致的具有差别性的设定和规范外，又对联邦政府的决策过程进行了复杂的设计。在制宪会议中，麦迪逊就提出：所有提案成为法律之前，应该既交给行政部门也交

---

① 比尔德. 美国宪法的经济观［M］. 何希齐，译. 北京：商务印书馆，1984：113-114.

给司法部门，如果遭到其中任何一个部门的否决，议会两院需三分之二多数同意才能推翻总统或最高法院的否决，如果两个部门都对该法案予以否决，议会两院需四分之三多数同意才能推翻其否决，使立法生效。① 麦迪逊在立宪大会上的这一动议，由于其他制宪代表对司法权参与立法复审的不利后果的担忧，而遭到了否决。最终，麦迪逊的这一动议被修改成：如议会的提案被总统否决，参众两院各需三分之二以上的票数才能推翻总统的否决，从而使该法案生效。这种决策规则的制定在保持决策效率和扩大决策参与范围之间建立了一种平衡，也为平等的政治协商提供了平台，因此，麦迪逊也将之称为“讨论的体制”。而为保证这种议事规则的稳定性，他对修宪过程也做了严格规定，即美国宪法第五条所规定的：“国会遇两院议员三分之二人数认为必要时，应提出本宪法之修正案，或应诸州三分之二之州议会之请求，召集会议以提议修正案。以上两种情形中之修正案，经各州四分之三之州议会或经各州四分之三之制宪会议批准时，即认为本宪法之一部分而发生效力。”② 可见，当有人提出修改宪法的动议时，只有获得双重的绝对多数原则，即获得两院三分之二以上多数的同意和四分之三以上多数州的认可的修正案才生效。这一修宪过程增加了修宪的难度，但同时也增强了反对多数的力量和修正案的合法性。这样，在宪法规范下的分权制衡的政治体制中，多元化的利益集团在公认的运行规则中不停奔走，而这些规则又使得任何利益集团都不可能在竞争中凭借自身优势占据绝对支配地位，使得参与竞争的各利益集团都可以通过协商、妥协等非暴力的方式维护

① 麦迪逊．辩论——美国制宪会议记录：上［M］．沈阳：辽宁教育出版社，2003：530-531.

② 法伦德．设计宪法［M］．董成美，译．上海：上海三联书店，2006：213.

自身权益。在此，利益集团机制与分权制衡机制相结合，构成了维护政治均势与稳定的两大保证。

（四）《权利法案》——公民权利的宪法保护

《权利法案》也即是美国《联邦宪法》的前十条宪法修正案，这十条修正案是在各州批准宪法的过程中作为约束联邦政府之权力的条件而催生的。因此，它虽被称为“权利法案”，但其诞生的主要推动力却是基于州权对联邦权力的恐惧，而不是要体现对人民自由权利的维护。当然，推动《权利法案》起草的也不乏乔治·梅森（George Mason）、杰斐逊这样富有远见的民主主义者，前者在制宪会议中就提出新宪法应加入权利法案，但该提议并未获得通过；后者在制宪会议召开时远在法国任驻法大使，当代的很多学者在批判美国宪法缺乏民主性时也大都愿意将之与他缺席制宪会议联系起来。杰斐逊在 1787 年 12 月 2 日致麦迪逊的信中说：“我还要说说我不满意的地方。首先是遗漏了权利法案，该法案应该清楚而不借助是非之论地规定公民权利的完整目录。”① 在这个目录中，杰斐逊列举了“信仰自由、言论自由、防止常备军、限制垄断、永远不间断地实施人身保护法、一切应由本国法律而不应由国际法审判的事实问题都由陪审团审判”② 等保护公民权利的条款。他同时强调：“一项关于权利的法案意味着人有权反对人世间的所有政府，不管是统指的政府，还是特指的政府，意味着任何一个公正的政府都不应拒绝之，或者凭借推论行事。”③

① 汤普森．宪法的政治理论［M］．张志铭，译．北京：生活·读书·新知三联书店，1997：157-158.

② 杰斐逊．杰斐逊选集［M］．朱曾坟，译．北京：商务印书馆，1999：414.

③ 汤普森．宪法的政治理论［M］．张志铭，译．北京：生活·读书·新知三联书店，1997：158.

麦迪逊之所以一度反对起草《权利法案》，并非基于原则性考虑，而是出于一种权宜的考虑。在制宪会议召开前，麦迪逊就曾指出，“宪法必须明确限制这些权限，不得干预宗教信仰，不得取消陪审团，不得废止人身保护权，不得强令公民为自己做反证，不得控制新闻界，至少在刑事案件中不得制定具有回溯力的法律，不得剥夺投票选举权，不得没收私有财产挪为公用而不偿还其全部价值，不得授权引进奴隶，不得违反联邦制，等等”①。然而，在制宪会议期间，麦迪逊担心如果使宪法包含权利法案的内容，将不可避免地牵涉诸如奴隶制的存废等敏感问题，这些争论可能使原本就缺乏凝聚力的各州继续走向分裂，从而无法建立一个统一的联邦政府；同时，当时的他认为对公民权利的主要威胁来自州立法机关，因此，他极力主张赋予联邦政府否决不正义的州立法的权力。针对在宪法中加入权利法案的要求，他给出了权利法案并非必要的诸种理由，诸如：授予联邦政府的权力都是明确、具体和有限的，因此，它不易侵犯公民权利；只要州政府的权力有所制约，人民的基本权利就会得到保证；对州政府权力的制约已经交由联邦政府承担，因此，具体列举公民基本权利的条款就是多余的了；等等。在宪法提交各州议会时，很多州基于限制联邦政府权力的目的，将补充保护公民权利的法案作为本州批准《联邦宪法》的前提条件。为尽快通过宪法，建立一个稳固的联邦制政府，麦迪逊做出了妥协，他承诺如果宪法获得通过就起草《权利法案》。

1789 年，麦迪逊成为新组建的联邦政府的众议员，积极筹备《权利法案》的起草工作。此时，麦迪逊的态度也是出于政治实用性的考

---

① 雷克夫．宪法的原始含义：美国制宪中的政治与理念［M］．王晔，柏亚琴，等译．南京：江苏人民出版社，2008：310.

虑：一是基于之前对各州的承诺；二是通过《权利法案》的起草与通过，使新生的联邦政府赢得普通民众的支持；三是他预见到了《权利法案》的教育意义，认为“用那种庄重的方式来宣布的政治法则会逐渐成为自由政府的基本准则，它们逐渐渗入国民情绪之后，能够消解利益和激情引发的不良推动力”①，这样，“该法案将能最出色地促进公共政体的自治事业”②。同年的 6 月 8 日，麦迪逊将参考了各州权利法案和各州民主主义者的建议后草拟的十二条法案提交国会；12 月 15 日，其中的后十条获得国会批准，并于 1791 年 12 月 15 日得到 9 个州的批准后正式生效。为增强这些条款的效力，麦迪逊曾经提议把这些条款编入宪法正文之中，但由于其他议员的反对，这些条款最终采取了修正案的形式，被列为宪法最早的十条修正案（The First Ten Amendments）。

《权利法案》对美国政治尤其是政治民主化进程影响深远。宪法修正案的第一条规定国会不得制定关于剥夺公民的宗教信仰、言论、出版、和平集会和请愿自由的法律，这些又被称为“优先性自由”（preferred freedom）的权利为形形色色利益集团的组织、运作与政治参与提供了制度保证。而宪法修正案第十条所规定的“本宪法所未授予合众国或未禁止各州行使之权力，皆由各州或人民保留之”则为公民权利的保护提供了更大的空间。保护黑人权利的第十三、第十四、第十五条修正案，赋予女性选举权的第十九条修正案，取消选举人头税限制的第

① 雷克夫．宪法的原始含义：美国制宪中的政治与理念［M］．王晔，柏亚琴，等译．南京：江苏人民出版社，2008：332.

② 雷克夫．宪法的原始含义：美国制宪中的政治与理念［M］．王晔，柏亚琴，等译．南京：江苏人民出版社，2008：336.

二十四条修正案，以及降低公民选举年龄的第二十六条修正案，均是在《权利法案》精神的引导下，普通民众基于对自身权益的维护自下而上地推动美国政治民主化进程的重要成果。

第三章

麦迪逊多元主义政治思想的理论实质、局限性与历史影响

麦迪逊与杰斐逊是美国历史上两位杰出的政治家兼哲学家（philosopher-statesman）。在美国政治学界，学者们普遍认为麦迪逊构建了美国政治制度的基本框架，而杰斐逊的思想则为之注入了民主的精神和灵魂。麦迪逊和杰斐逊是终生的亲密朋友和政治合作伙伴，但在政治理论上，他们有着显著的不同。他们分别是美国多元民主理论和多数民主理论的奠基人。杰斐逊充分相信人民群众，倡导比较彻底的民主主义，而麦迪逊则对人民大众怀有疑惧、警诫之心，其核心的关切是要以分权制衡和利益集团的机制来防止“多数人对少数人的暴政”，进而求得社会的均势和稳定。麦迪逊的政治思想对于美国现当代的政治思想与实践有着深刻的影响。

第一节　理论实质

在政治思想史上，麦迪逊的政治思想介于洛克和霍布斯之间，更接近于洛克；而杰斐逊的民主理论则介于洛克和卢梭之间，更接近于卢梭。前者趋于保守，后者则是更为彻底的民主主义。麦迪逊的人性论是近乎悲观的，但他并没有像霍布斯那样主张以君主专制来制约人性的弱

点，而是像洛克一样，认为维护个人的权利和自由乃是政府的首要目标。不过，洛克相信在一个民主制的社会里个人的自由与权利可以得到最好的保护，而麦迪逊对于民主制还不具有像洛克那样的信心。这种矛盾使麦迪逊陷入一个两难的境地。一方面，他承认在一个共和政体中人民应以某种方式来行使权力；而另一方面，他又担心多数人在掌握了权力之后会侵害少数人的权利，尤其是财产权。因此，麦迪逊反对直接民主，主张由人民选举出的官员来代替人民行使权力，即所谓“代议制民主”（representative democracy）。

如同“西方保守主义之父”柏克一样，麦迪逊主张人民选举出的官员和议员不必为选民的意愿所束缚，他认为这些官员和议员比人民自身能更好地反映和代表人民的利益。因此，在美国学者里昂·拜若戴特（Leon Baradat）看来，麦迪逊所主张的实际上是一种开明的贵族制。① 而杰斐逊则认为，真正的共和制不仅应当是废除世袭制，实行分权制衡，而且同时更应是代表人民大多数的意志的。② 拜若戴特还指出，麦迪逊一方面认为政府是必要的恶（necessary evil），另一方面对人民也怀着一种警诫之心。因此，他所要建立的政治制度，意在以野心抗衡野心，即以政府的权力与各利益集团的欲望和意志相互抗衡。麦迪逊认为这两者之间的相互抗衡，可以产生好的社会秩序，并可充分地保障个人的权利和自由。在拜若戴特看来，这是麦迪逊本人也是美国政治制度的创造性所在，也很可能是这两者的最大缺失或弊病所在。③ 其合理性、

① BARADAT L. Political Ideologies: Their Origins and Impact [M]. New Jersey: Prentice Hall, 2000: 98.

② ENGEMAN T. Thomas Jefferson and the Politics of Nature [M]. Notre Dame, Indiana: University of Notre Dame Press, 2000: 38.

③ ENGEMAN T. Thomas Jefferson and the Politics of Nature [M]. Notre Dame, Indiana: University of Notre Dame Press, 2000: 97.

创造性在于将立法权与行政权分开，并保证了司法独立，有效防止了权力的滥用和腐败。

然而，如果说民主的本质在于人民制定法律和政治决策的话，那么由麦迪逊主持制定的美国政治制度的民主程度是很有限的。实际上，这个制度在很大限度上限制了人民的民主自治。人民本身不能制定法律，也不能废除法律。在政府官员任期届满之前，人民也无权罢免其中任何人。当然官员可以被弹劾，但按照宪法的规定，只有国会才有权弹劾包括总统在内的政府官员，而人民却没有这个权力。同时，对于作为人民意志最高体现的宪法，人民本身也无权进行修改，只有国会才有权修宪。所以，人民实际上对政府决策的参与是十分有限的，而他们对政府官员的监督与制约也只局限于选举那一天。

由此可见，由麦迪逊主持设计的美国政治制度从一开始就不是追求一种高度的民主。尽管如此，从美国《联邦宪法》制定的时代到后来的200多年的历史进程中，美国政治生活的民主程度还是有了相当大的改进与提升。不过，美国的学者们认为这种改进更多是因为杰斐逊思想的影响，而不是麦迪逊思想的影响。

第二节 局限性

杰斐逊的多数民主理论深受古希腊直接民主理念与实践的影响，他认为民主就是由人民的多数来制定政治决策。当然，他并非要求政治上完全的直接民主，而是主张在代议制下尽可能广泛地实现局部的直接民主。较之于多元民主理论的利益集团机制与分权制衡机制，多数民主理论主要依靠普选制和公民投票机制实现自身的政治构想。可见，前者强调有组织的利益集团之政治参与，而后者则更强调和鼓励公民个体应尽可能直接地参与政治。

杰斐逊的多数民主理论的人性论基础是性善论。较之麦迪逊，杰斐逊对人民的道德、情感和理性均给予了更多的信任，他坚信人具有与生俱来的道德本能，认为这种道德本能是人类最尊贵的品格。在他看来，个别人的道德缺陷与个别人的生理缺陷一样，并不能影响为人所做的一般性定义。在此基础上，杰斐逊同样坚信人的理性，相信人具有辨别是非善恶和政治参与的能力。

杰斐逊力图在代议制的范围内尽可能多地实现局部的直接民主。例如，他提倡一种“ward system”，有如美国新英格兰地区的城镇自治。所谓新英格兰地区，指的是美国东北部的康涅狄格、缅因、马萨诸塞、新罕布什尔、罗德岛、佛蒙特六个州。所谓城镇自治，指的是基层的全体市民聚集在一起，以城镇会议（town meetings）的方式，来决定城镇的立法及预算等重大事项。受这种城镇自治的启发，杰斐逊主张把各个县分成若干个更小的行政单位，即“ward”，它相当于镇或区，面积约占弗吉尼亚州中等县的四分之一。通过这种组织形式，实行这种小区域的直接民主，使更多的政治权利和政治事务可以下移，由基层组织和人民来行使和完成。① 这样，就可以使政治更多地反映和表达人民的利益与意愿，也能够更加激发人民对政治和自己切身利益关切的积极性和热情，从而最广泛最直接地推动人民的政治参与。对此，杰斐逊将之称为“真正的共和主义”。他不仅希望这种最基层的政权机构能成为整个美国社会的活力、凝聚力的基础和源泉，同时还希望它能由下而上地构成

---

① 刘鸿鹤．杰斐逊与麦迪逊——美国多数民主与多元民主理论的先驱［J］．大连海事大学学报（社会科学版），2011（2）：71.

对于州及联邦政府权力的制衡。① 在杰斐逊看来，与联邦政府层面所实行的立法、行政与司法三种权力之间的“横向制衡”相比，来自人民群众的自下而上的“纵向制衡”才是对政府权力的最根本性的制约，也是防止政府官员由人民的公仆蜕变为人民的压迫者的最可靠保障。由此可见，杰斐逊反对将权力集中于高高在上的少数人手中。他认为，如果人民大众不能学会去制约和防止高层权力滥用的话，那么那些大权在握的权贵就会运用这些权力来把人民大众变成他们统治下的奴隶，变成任人宰割的羔羊。② 在杰斐逊的心目中，只有绝大多数人民群众积极参与的民主才是真正的民主。

在杰斐逊看来，国家应当出资办教育，保证人人都接受初等教育，并使其中一部分资质较高者接受高等教育，以此选贤举能，遴选出“天然的俊杰”（natural aristocracy）来充当人民的领袖和政府的官员。他所主张的“天然的俊杰”，是所谓无爵而贵、无禄而富，全凭既贤且能而出类拔萃的人。这与孟子所主张的“尊贤使能，俊杰在位”（《孟子·公孙丑章句上》），有异曲同工的意味。杰斐逊认为，这些有天赋的人才分布于社会的各个阶级、阶层。因此，无论这些人的出身如何，他们都应该得到公平的教育机会，受到公正的待遇，并有机会被选举到政府的领导岗位上。

此外，杰斐逊还积极倡导新闻与出版自由，他认为只有这样，人民才能了解事实的真相，并做出正确的判断和选择。同时，他认为也只有对政府的监督和批评得到支持和鼓励，社会才会实现真正的民主。在他

① 刘鸿鹤．杰斐逊与麦迪逊——美国多数民主与多元民主理论的先驱［J］．大连海事大学学报（社会科学版），2011（2）：71.

② 刘鸿鹤．杰斐逊与麦迪逊——美国多数民主与多元民主理论的先驱［J］．大连海事大学学报（社会科学版），2011（2）：71.

看来，报章书刊中的虚假报道应当被揭露，错误的观点应当被批驳，同时，少数派的意愿应该得到倾听，对政府政策的批评和监督也应当受到鼓励，否则便没有真正的民主可言。无疑，在杰斐逊看来，新闻与出版的自由在实质上是体现着广大人民群众对于他们所选举的国家领导和政府官员的一种有效的监督与制约。①

美国历史学家阿德里安·科奇（Adrienne Koch）指出，杰斐逊与麦迪逊思想的不同和他们各自的人生经历有关。麦迪逊较多地关注底层民众对于有产者的反抗即对他们财产权的侵犯，因而致力于建立强有力的中央政府来保护少数派的权利。而杰斐逊曾出使法国、游历欧洲，所到之处，看遍了人民的苦难。他认为这一切苦难和恶行的根源在于专制与暴政，并决心要使美国这个崭新的国家免于专制的蹂躏。② 杰斐逊是一个理想主义者，但又是一个现实主义者。他相信人性本善，但对政府的权力抱有十分的警惕，认为其是“必要的恶”（necessary evil）。在他看来，一方面，社会需要秩序与稳定，需要一定程度的管理和规范；而另一方面，公民们作为个体又需要相当程度的自由与权利，这二者之间存在着矛盾。杰斐逊极为清楚地意识到，在人类的历史上，当统治者的权力不受制约时，他们往往倾向于侵害人民的自由与权利。正如阿克顿勋爵（Lord Acton）所说的：“权力会导致腐败，而绝对的权力就必然要导致腐败。”（Power tends to corrupt and absolute power corrupts absolutely）杰斐逊无疑已深刻认识到了这一点。因此，在他看来，政治的核心问题是如何防止政府从人民的公仆蜕变为压迫人民、侵夺人民自由

① 刘鸿鹤．杰斐逊与麦迪逊——美国多数民主与多元民主理论的先驱［J］．大连海事大学学报（社会科学版），2011（2）：72.

② KOCH A. Jefferson and Madison: the Great Collaboration［M］. New York: Oxford University Press, 1964: 44-45.

的恶魔。而解决该问题的真正方法就在于人民的民主自治（self-government），即确保人民拥有选举、控制和监督国家领导人和政府官员的权利与能力。

当杰斐逊警惕集权专制会导致暴政时，麦迪逊最为担心的却是“多数人对少数人的暴政”。他害怕失去约束的群众的所谓“过度的民主”会践踏少数人的个人权利，尤其是财产权。因此，他在犹疑和矛盾中创建了他的多元民主理论。在他看来，自由市场经济是社会发展和个人自我实现的最好机制，而社会上各种利益集团之间的相互竞争又会实现自发的制约与平衡，进而使社会获得均势与稳定，这样，任何占压倒性力量的多数派都很难形成，而少数派的权益也不会受到侵害。杰斐逊与麦迪逊思想的分歧在“谢司起义”这一历史事件发生时得到了鲜明的体现。

北美独立战争胜利以后，在战争中曾付出重大牺牲的广大人民群众并未摆脱先前的贫苦境地，反而遭受到了更为惨重的经济剥削与压迫。窃取独立战争胜利果实的大土地所有者和资产阶级为了维护自身的利益，实施了一系列转嫁战争费用的举措。因此，各州政府强迫普通民众交纳的税赋比战争爆发前还要沉重。仅以马萨诸塞州为例，独立战争后的各种税收的总和竟已达到普通劳动者总收入的三分之二以上。此外，各州还颁布了债务法，规定凡在法定期限内无法偿还债务的人将受到法律的制裁。在纸币贬值和通货膨胀的严酷现实下，下层劳动人民终于走上了武装反抗的道路。美国独立战争结束后不久，宾夕法尼亚等州就爆发了平民起义与暴动，其中规模最大的是 1786 年马萨诸塞州由丹尼尔·谢司（Daniel Shays）领导的农民起义。

谢司于 1747 年生于美国东北部的马萨诸塞州，是一位贫苦的农民。他参加了美国的独立战争，并于 1777 年被晋升为上尉。在此期间，他曾参加了许多次战斗，包括著名的莱克星顿战役，并且负过伤。1780年，身无分文的谢司退伍回到家乡，没有得到政府的任何抚恤和补偿，反而因无法偿还在美国独立战争爆发前所欠的债务而被法院起诉。同年，因谢司的军功，著名的玛利-约瑟夫·拉法耶特（Marie Joseph La Fayette）将军奖给他一把佩剑，但由于生活的窘迫，谢司不得不将佩剑卖掉抵债。更有甚者，谢司发现他在独立战争期间的许多战友退伍后都与他一样又陷入了贫困的境地，而那些种植园主和大资产阶级却变本加厉地榨取中下层人民的血汗来偿还他们在战争期间向欧洲资本家的借款。开始的几年间，谢司和他的追随者们还力图向位于波士顿的议会请愿，希望能够得到政府的宽免和救助，但他们的诉求始终被置若罔闻。正是在这样走投无路的情况下，他们于1786年的夏天揭竿而起，走上了武装斗争的道路。追随谢司的起义者主要有农民、工人和手工业者。谢司提出“重新分配土地和取消债务”的口号，受到了广泛的响应，起义的队伍很快发展至1500人。这些人到处攻袭法院，烧毁债务诉讼档案。“谢司起义”震惊了代表大资产阶级和种植园主利益的邦联政府。他们紧急调兵遣将，最终将起义镇压了下去。

对于谢司领导的农民起义，美国的上层社会皆为之震惊，很多人视之为洪水猛兽。麦迪逊也把“谢司起义”以及当时发生的其他的人民反抗运动看作对于资产阶级和种植园主财产权的巨大威胁。在这一点上，杰斐逊与麦迪逊等人有鲜明的不同。在他看来，小型的人民起义对于维持一个社会健康的生存与发展不仅是有益的，甚至是必要的，就像雷电可以净化自然界的空气一样。为此，他曾婉言批评与规劝过麦迪逊。他还曾劝导他的朋友爱德华·凯灵顿（Edward Carrington）：即使人民犯了错误，也不要对他们过于苛刻，而是要通过教育来提高他们的素质。在他看来，如果人民“失去了对于政治的热忱，那么你、我、国会、法官和州长们将都要变成压迫人民的狼”①。

美国学者迈克尔·朱克特（Michael Zuckert）指出，当今美国的共和制度只是部分地实现了杰斐逊的设想，而且很难说美国人民会把他们自己真正视为国家的主人。杰斐逊所希望看到的是这样一个国家，即每一个公民都是社会政治生活的参与者，不只是在每年一次的选举日，也不只是在每四年一次的选举日，而是在日常生活的每一天。这样的公民自我认同，依杰斐逊的设想是建立在人民对基层政治的直接参与，并能对高层政府官员具有有效监督控制的实践基础上的，迥然不同于现实生活中那个庞大、遥远、隔膜而又冷漠的共和国。②

罗伯特·戴维多夫（Robert Dawidoff）指出，在政治思想方面，杰斐逊真正的对手不是汉密尔顿，而是麦迪逊。但是，对于杰斐逊思想的魅力，即使是麦迪逊也不能抗拒。③ 杰斐逊一方面坚定地相信人民大众，相信他们的道德本能和理性，相信他们可以管理好国家；另一方面，他认为存在着一种“天然的俊杰”，他们存在于社会的各个阶层，应当被选拔出来，与人民大众一起治理国家。这是杰斐逊思想中的又一个闪光之处。所以，戴维多夫认为杰斐逊的远见卓识吸引与感染了美国历史上那些能够超越个人得失的仁人志士，并将继续吸引、感染与激励任何时代里那些以“天然俊杰”的理想境界来鞭策自己的人。④

从本质上说，麦迪逊和杰斐逊政治思想上的差异体现了西方政治思

---

① KOCH A. Jefferson and Madison: the Great Collaboration [M]. New York: Oxford University Press, 1964: 381-382.

② ENGEMAN T. Thomas Jefferson and the Politics of Nature [M]. Notre Dame, Indiana: University of Notre Dame Press, 2000: 51.

③ ENGEMAN T. Thomas Jefferson and the Politics of Nature [M]. Notre Dame, Indiana: University of Notre Dame Press, 2000: 118.

④ ENGEMAN T. Thomas Jefferson and the Politics of Nature [M]. Notre Dame, Indiana: University of Notre Dame Press, 2000: 119.

想中自由和平等间的深层次的矛盾，在自由和平等的两极中，前者更倾向于自由，而后者更趋向于平等。两个人虽都深受启蒙思想的影响，都主张人民主权和有限政府的政治观点，但麦迪逊的思想侧重的是制度框架下对专制可能的限制，关注的是制度上的制约（institutional check）。而杰斐逊的思想更体现了一种与启蒙理性不同的浪漫主义情怀，他在同样注重对于政府权力在制度方面的制约的同时，又强调民主，强调人民自下而上对政府权力的制约（popular check），他的民主理论浸润着一种法律和制度所无法提供的温情、激情与人道主义精神。如果说麦迪逊有着超常的理性、缜密和审慎的政治态度的话，杰斐逊则有着更为广阔的胸襟、更为悲悯的情怀和更伟大的政治远见。

第三节　历史影响

麦迪逊不仅是美国多元民主理论的先驱，其具有多元主义特征的政治思想也是美国宪政制度的政治哲学基础。但是，由于麦迪逊对财产私有制和自由放任的市场秩序的维护，其立国理念又必然带来美国政治的“资本化”和“非民主性”。

一、对美国现当代民主理论的影响

麦迪逊所主持制定的美国《联邦宪法》塑造了美国政治制度的框架，他的多元主义政治思想又深刻地影响了当今美国以罗伯特·达尔为代表的多元民主理论，以及以约瑟夫·熊彼特（Joseph Schumpeter）为代表的“精英竞争式民主理论”（elite theory）的形成与发展。在麦迪逊时代，美国还基本上是一个农业国家，其资本主义还远远不够发达。

而今天，一方面，美国民主在程序上日趋完善，另一方面，民主与资本主义制度之间的根本矛盾日益凸显，这使得美国民主在理论与实践两方面日益陷入一种难以解脱的困境。达尔等人的多元民主理论一方面是为了解决这些问题而产生的，另一方面也是这种困境的产物和反映。

熊彼特是20世纪美国著名的政治经济学家，其政治学代表作为《资本主义、社会主义和民主》（*Capitalism Socialism and Democracy*）。他主要是从程序的角度来理解和界定民主，即把民主理解为由人民从精英阶层选择政治领导者的过程或程序。他否定关于民主的经典式的理解，即把民主界定为“由人民根据所有人共同的、根本的利益来制定政治的决策”。他认为经典民主理论将民主定义为“人民主权说”是一种空想。在他看来，人民的作用仅仅在于选出社会的精英来治理国家，人民的民主权利仅仅表现在他们有权通过投票决定谁来充当政治精英。对此，他说：“民主方法是为达到政治决定的一种制度上的安排，在这种安排中，某些人通过竞取人民选票而得到做出决定的权力。”① 此外，他还指出，民主一方面意味着“人民有机会接受要来统治他们的人的意思”，另一方面包含着精英之间“为争取选民投票而进行的自由竞争”，也就是说，民主意味着多元的精英竞争而取得权力的过程。②

在熊彼特看来，在一个由经济的不平等为根本特征的资本主义社会里，不存在所有人的共同利益（common interests）。因为在这种社会情境下，人们由于财产的不平等的分配而被分化为不同的利益群体，他们不可能形成一个共同的、统一的意志。③ 所以，熊彼特认为经典民主理

① 熊彼特．资本主义、社会主义和民主［M］．北京：商务印书馆，1979：337.
② 熊彼特．资本主义、社会主义和民主［M］．北京：商务印书馆，1979：356.
③ SCHUMPETER J. Capitalism, Socialism and Democracy［M］. New York: Routledge, 1942: 251.

论是不适用于美国的现实的。他进而提出了他对于美国民主模式的理解。他认为是政治精英通过竞选来赢得选民的支持，从而获得政治决策权力的一种制度的设置和安排。在这里，通过竞选获得权力的人所做出的政治决策是否能反映广大人民的根本利益，就变成第二位的了。同时，熊彼特对于经典民主的这种偏离也体现出其对于人民群众的深深的偏见与不信任。在他看来，最好不是由人民，而是由政治的精英们来制定政治的决策，因为他认为人民是愚昧的，甚至对于自己真正利益的认识也不如那些所谓的精英。① 所以，熊彼特主张民主仅是产生治理者的一个过程，无论人民参与民主的程度如何，政治权力始终都应掌握在精英阶层的手中。

因此，对熊彼特以及许多赞同他观点的美国学者来说，民主不过是让公民们有机会从有限的候选人中选择政治领袖的一种程序或方法、机制。在他们看来，选民们的角色与作用与市场上购物者的角色与作用是相似的。选民们从各个政党所推荐的竞选者中选择政治领袖，就有如购物的顾客从相互竞争的商贩手里挑选商品一样。由于美国的民主与共和两大政党没有一个从根本上置疑和挑战造成贫富两极分化的资本主义制度，所以，选民维护自身根本利益的权利是无法得到保障的。

作为一名多元民主论者，罗伯特·达尔对熊彼特的精英主义理论进行了深入的分析，并批判地继承了其中的合理成分。他赞同熊彼特等人关于民主并不是人民直接掌权的说法，但认为民主也不是精英主义者所说的某个政治精英阶层的统治。在他看来，民主是“多重少数人的统治”，也就是说人民基于共同的利益需要组成一个个利益团体，并由这些众多的利益集团代表他们表达意愿和诉求，影响政府的决策，从而使

① SCHUMPETER J. Capitalism, Socialism and Democracy [M]. New York: Routledge, 1942: 262.

政府的决策能够倾向于他们自身的利益。他认为这样也就避免了权力会集中在少数精英阶层的手中。

进入 20 世纪以来，各种利益群体在美国社会中涌现。这些利益集团有着各自的经济利益，而经济利益又转化为政治诉求。他们想方设法参与政治活动，力图影响政府的决策。这样，在相当大的程度上，美国政府的决策受到了干预，其权力也被相应弱化。于是，传统的政治结构与权力关系发生了很大变化，各利益集团之间的相互竞争促进了政治体系的开放化与多元化，即经济利益的多元化必然要求政治参与的多元化。这就要求通过多党制、代议制、分权制衡等政治机制来推行多元民主政治。与这种政治变迁相契合，以罗伯特·达尔为主要代表的多元民主理论兴起，并逐步在美国社会居于主导地位。有组织的利益集团也逐渐成为联结公民个人与政府的重要纽带。这使得政府能够倾听和反映社会各种不同的利益需求，同时，政府决策又是在反映各种利益集团的意见和诉求的基础上，经过各利益集团之间以及各利益集团与政府之间折冲樽俎、斗争与妥协的结果。在达尔看来，这种竞争与妥协有利于消解社会中的各种利益之间的矛盾，进而促成社会的平衡与稳定。他将这种由诸多阶层和团体分享国家权力、参与政治生活的民主模式称为“多元政体”（polyarchy）。他指出：“多元政体，它可以被理解为一种民族国家政治制度民主化和自由化努力的历史结果；也可以被理解为政治秩序或是体制的一种独特的类型，它在许多重要方面都不仅与种种的非民主体制不同，而且与早期小范围的民主体制有异；它同样可以被理解为一种政治控制的体制，在那里，为了能够在与其他候选人、政党以及集团进行政治竞争时赢得选举，政府的最高官员被引导修正自己的行为；它同样可以被理解为一种政治权利的体制，或是作为一套在更大的范围内实行民主程序的制度。”①

达尔进而分析了“多元政体”赖以生存的必要条件。首先，政治方面的条件，即必须有一个“多元社会”。这个多元社会包括公民个体、各种阶层和利益群体。这些相互对立的利益集团通过各种途径参与政治生活、维护自身利益、制约国家权利，并影响政治决策。同时，“政府扮演仲裁者的角色，确保各种利益不同的利益集团遵守‘游戏规则’，通过协商、交易和妥协等方式，实现利益集团之间的共赢”②。其次，经济方面的条件，即要实现各种利益集团对经济资源的分散占有。达尔认为，各种利益集团对经济资源的分散占有，使得政府可用于压制持不同政见派别的资源下降，于是政府宽容不同政见派别的可能性就会增加。③ 同时，“如果一个政府垄断了暴力和社会经济制裁并可以随意使用这些资源压制反对派，实际上就不可能存在竞争性政治的可能性”④。所以，在达尔看来，多元政体要建立在资本主义市场经济的基础之上，通过市场经济，使每个阶层和利益集团都占有一定的经济资源，并在此基础上参与政治、影响政府的决策，由此才能促成多元民主政体的实现。

西方著名的政治学家麦克弗森曾指出，达尔的多元民主理论在很大的程度上是建立在麦迪逊的政治学说基础之上的。⑤ 从以上的分析与阐

---

① DAHL R A. Democracy and its Critics [M]. New Haven: Yale University Press, 1989: 218-219.

② 达尔. 论民主 [M]. 李柏光, 林猛, 译. 北京: 商务印书馆, 1999: 56.

③ 达尔. 多头政体——参与和反对 [M]. 谭君久, 刘惠荣, 译. 北京: 商务印书馆, 2003: 59-60.

④ 达尔. 多头政体——参与和反对 [M]. 谭君久, 刘惠荣, 译. 北京: 商务印书馆, 2003: 61.

⑤ MACPHERSON C B. The Life and Times of Liberal Democracy [M]. Oxford: Oxford University Press, 1978: 112.

述可以看出，麦克弗森所言不谬。不过达尔对于麦迪逊的思想也是有所发展的，这体现在他关于“以社会制约权力”的主张上。在西方的政治学理论中，涉及对于权力的两种制衡：一种是制度的制衡（institutional check），一种是来自人民群众自下而上地对政府权力的制衡（popular check）。杰斐逊对这两种制衡都很重视，甚至可以说，他认为后一种制衡是更为根本的，而麦迪逊则不同，由于他对于人民大众的不信任，甚至是疑惧与警诫，他只信任对于政府权力的制度的制衡，尤其强调立法、司法与行政三个部门的分权与制衡。而在这三个政府部门中，他最不信任的是立法部门，因为他认为立法部门最容易受到人民大众的影响。因此，在三权分立与相互制衡中，麦迪逊最着意的是行政与司法部门对于立法部门的制约。

在《民主理论的前言》一书中，达尔批评麦迪逊过分夸大了各个政府部门之间相互制约的重要性，而又低估了社会对于政府权力的制约作用。他认为，为了防止腐败、暴政和权力的滥用，最关键的因素是来自社会的多元制衡，而不是政府部门自身的分权与制衡。在他看来，公民、社会成员可以通过选举或组织利益集团来影响决策者，而政府官员和国会议员则不能无视其选民，尤其是各利益集团的意愿和要求，因此，各个利益集团的意见和诉求均会影响政府的决策。这样，社会便对政府权力构成了有效的制约。

诚然，达尔在推崇社会制衡的同时，并不否定对于政府权力“三权分立”式的“制度的制衡”，认为它对美国民主制度的维持和运作是必不可少的。但他同时指出，如果没有社会的制衡，仅凭制度的制衡将不足以有效地防止专制与暴政。在他看来，民主制度的存续与发展更加依赖于一个具有平等、宽容、自由、独立等精神气质的多元社会，而非一部预先设定的、不尽完善的国家宪法。由此可以看出，达尔在这一方面对于麦迪逊的民主理论有一种超越。但是，他依旧没有达到杰斐逊对于人民大众的那种更坚定、更彻底的信任。这便招致了美国当代更为彻底的民主主义者对他的多元民主理论以及熊彼特的精英主义理论的批判。

二、对美国现当代民主实践的影响

美国学者艾拉·凯茨尼尔森（Ira Katznelson）与马克·凯索曼（Mark Kesselman）曾指出，美国民主的最主要困境来自一个根本矛盾，即一方面，民主制度设定所有的公民都拥有平等的权利与责任，而另一方面，资本主义制度却每日每时都在制造、生成着人们生活中的不平等，在经济领域生产着人们贫富的两极分化。

美国是世界上进入近代以来历史最久的民主制国家，今天所有的美国成年公民都拥有选举权。美国的政党制度鼓励人们的政治参与，而民主与共和两党也积极参与竞选力图赢得选民的支持。各种利益集团纷纷通过向国会游说的方式来维护其集团成员的权利和利益。此外，报纸、广播、电视等各种新闻媒体也在不断地报道着政府及其官员的活动与行为，围绕政府的各种政策展开讨论与辩论，并且对政府高官的各种腐败行为予以曝光、揭露。客观地说，对于政治问题的讨论与争论很少有国家像美国这样公开、自由与广泛。

一种民主的政治制度，包括了这样一些规定和原则，即由谁和按照怎样的程序来制定和执行政治的决策。与那些非民主制的社会比较而言，在实行民主制的国家与社会中，政府是要向人民开放，对人民负责的。政府当局的行为不可以独裁专断，必须受到制约。公民的权利和自由受到法律的保护，而且他们在相应的机制下可以积极地参与立法、政治决策与社会的治理。政府要就立法、决策与行政等方面事项向人民报告与说明，并接受人民的监督。而人民归根结底被认定是国家最高权力的拥有者，即所谓“主权在民”。①

然而，难道一个国家的政治制度是否民主仅仅应当根据其政治运作是否符合民主的程序来判定吗？那么，我们又如何来看待美国社会中人们受教育程度的不平等，以及他们在政治地位、经济状况等方面的阶级分化呢？我们又如何看待在竞选过程中以及政治运作过程中那些富有、强势的利益集团所发挥的巨大影响呢？从更根本的方面来讲，在一个资本主义的框架内组建起来的社会，会在多大的程度上真正实现“主权在民”呢？在这样的社会里，占有生产资料的少数人往往拥有巨大的权力，这不仅是因为他们拥有更多的财富，还因为政府的政策必须为促进私有企业的经济效益而服务。因为在一个资本主义的社会里，人们的就业与收入都依赖于私营公司的投资决策与盈利状况。而这种状况所造成的后果，就是许多的政治问题都没有摆到公众面前进行讨论。许多明显与公众利益密切相关的问题，如汽车工厂、计算机工厂的建地选址问题等，都往往是在暗箱操作中决定的。这就背离了民主政治的精神与原则。如此一来，代议制民主的一个核心之点，即多数人进行政治决策的原则（majority rule）就严重缩水了，其应用实际上被局限在十分有限的领域和事务中。

进一步讲，资本主义经济体制的运作，企业对于利润的追逐，每日每时在生产、制造着人们财富与收入的不平等。在美国，人们收入分配不平等的状况在过去的 100 多年里基本上没有什么变化。在 1910 年，占美国人口 5%的最富有人群的收入占全国总收入的 46%；到 20 世纪

① KATZNELSON I, KESSELMAN M. Capitalism and Democracy [G] //COLOMBO C, CLILLEN R, LISLE B. Rereading America: Cultural Contexts for Critical Thinking and Writing. Boston: Bedford Books of St. Martin's Press, 1992: 715.

末，最富有的5%的人们的收入仍然超过全国总收入的40%。而处于美国最底层的收入占全国5%的人们，到了20世纪末，其收入占全国总收入的比率从1910年的8%降到了5%。即经过近一个世纪的时间，美国人的贫富差距不仅没有缩小，反而有拉大的趋势。当然，经历了2008年以来的金融危机与经济萎缩，贫富的两极分化、金融资本的日益腐败已经到了使广大美国人民忍无可忍的程度，于是才爆发了“占领华尔街”的声势浩大的群众示威活动。

凯茨尼尔森与凯索曼指出，这种根本的社会结构决定了美国人生活的复杂性。尽管美国人分为不同的民族与种族，生活在不同的地域，从事着不同的工作，具有十分不同的政治见解与观念，但是他们无不是这种社会阶级结构中的一员，无不处于特定的阶级地位，而且他们的思想、情感无不受到其阶级地位的影响。①

在西欧与北美的发达资本主义国家，民主与资本主义制度之间的矛盾引发了人们对于一些最重要、最迫切的政治问题的思考。而在过去的一百多年里，现代社会理论与政治哲学所面对的一个最关键的问题或最严重的困境就是，西方发达国家既在实行着资本主义的经济制度，同时又实行着民主制的政治制度。在这些国家中所进行的关于政治问题的讨论与争论往往都与上述带有根本性质的矛盾与困惑有着密切的关联。更具体地讲，这个矛盾与困惑的实质就是，一方面，资本主义制度每日每时都在制造、生成着人们生活中的不平等，生产着贫富的两极分化；另一方面，民主制度又设定所有的公民都拥有平等的权利与责任。而这一西方发达国家中的根本矛盾，又影响和决定着其社会政治生活的主要性

① KATZNELSON I, KESSELMAN M. Capitalism and Democracy [G] //COLOMBO C, CLILLEN R, LISLE B. Rereading America: Cultural Contexts for Critical Thinking and Writing. Boston: Bedford Books of St. Martin's Press, 1992: 716.

质与特征。在美国，不理解这个根本矛盾，就无法理解和认识美国的社会与政治生活的方方面面，因为美国既是一个在经济上最典型的资本主义社会，同时又是一个在政治上具有最完备的民主程序的西方国家。

达尔显然也意识到了美国的资本主义制度与民主之间的矛盾。他在20世纪60年代曾发表过一篇研究美国康涅狄格州纽黑文市政治问题的非常有影响的文章。他指出，按照民主程序的标准，纽黑文是一个实行民主制的城市，因为该市所有的成年公民都有选举权，并且他们的选票都能够得到公正的统计。达尔认为，尽管纽黑文的市民们在投票箱前具有法律上的平等权，然而他们在实质上是不平等的。因为在纽黑文市，经济上的不平等与形式上的政治平等形成了鲜明的对照。该市6%的市民拥有该市30%多的财产。在该市最富裕的区镇里，四分之一的家庭的年收入达到该市市民平均收入的三倍。而在最贫穷的区镇中，大多数家庭的年收入都达不到2000美元。根据当时的统计，在这些最贫困的区镇，只有3%的成年人曾经上过大学，而在最富的区镇的居民中，则有近半数的人拥有大学学历。

难道这种法律上的平等与阶级（经济）的不平等共存的社会可以被称作民主的社会吗？对此，达尔也发出了这样的疑问："在一种制度下，在几乎所有的成年公民都拥有选举权，但是知识、财富以及社会地位、参与政治的途径等资源的分配都很不平等的情况下，我们不禁要问，难道真的是人民在当家作主吗?"①

显然，达尔认为当今美国的民主并没有实现经典民主理论所设定的理想，而是在更大限度上属于麦迪逊所设计的多元民主。他指出，以纽黑文市为例，政治的决策往往不是由单一的利益集团做出，而是由各种

① DAHL R. Who Governs? Democracy and Power in an American City [M]. New Haven: Yale Univercsity Press, 1961: 3-4.

不同的利益集团在相互竞争中做出的，同时，不同的利益集团会侧重于不同领域的事务，诸如城市的更新与改建、公共教育问题，以及遴选和决定政府官员和议员的候选人等。他并未能真正在理论上解决民主制度要求的经济上的平等，而标榜民主的美国社会又是一个每日每时都生产着贫富分化的资本主义国家。他所采取的解决方式是侧重强调民主的程序，即公民拥有选举权，他们拥有在不同的候选人中间进行选择的权利，同时，选举又是自由与公正的。而对于上述法律平等与经济、阶级的不平等的根本矛盾，他采取了一种忽略的方式。达尔的这种理论的取向在当代美国民主理论的领域中是具有典型性的。

在今天的美国，那种仅从程序的角度来界定民主的取向，已经成为政府当局进行社会控制的意识形态的工具。那些从资本主义的社会制度中获利最多的人们会认为：既然人们可以选择他们的领导者，那他们应该没有什么好抱怨的了。这个制度既然是开放和民主的，那么对政府的领导及其政策有意见的人们，完全可以在下一次大选时表达他们的诉求。在这种情况下，那种仅从程序的角度来界定民主的取向，就只能导致人民对政治的消极与无奈了。

三、美国《联邦宪法》的历史影响与意义

麦迪逊所主持制定的美国《联邦宪法》是近代资本主义国家的第一部成文宪法，也是世界近代史上最稳定的一部宪法。当时美国的形势是，一方面，赢得独立战争的美国资产阶级和大种植园主们需要强大的中央政府来保护他们的私有财产；另一方面，广大的美国人民希望保障和巩固革命成果，维护民族独立，保证政治上的统一和经济上的发展。所以，通过制定宪法来建立一个强大的中央政府在当时可谓众望所归、民心所向。

美国《联邦宪法》确立了反贵族和反君主制的资产阶级共和政体，扫除了封建主义的残余，这一点具有重大的历史意义。该宪法是18世纪欧洲启蒙运动以及美国殖民时期政治哲学和政治经验的产物，它摒弃了君权神授的观点，强调“人民主权”“宪法至上”。它的制定实际上继承和发展了近代资产阶级追求自由、平等和理性至上的思想。洛克等人所主张、宣扬的自然权利，即人生而具有的生存权、自由权和财产权，被亚当·斯密发展为经济上的自由放任主义。因此，自由贸易、自由雇佣制度成为神圣不可侵犯的原则。这些思想深刻影响了《联邦宪法》的主要制定者麦迪逊等开国元勋（founding fathers）。《联邦宪法》规定美国实行联邦制，中央政府掌握立法、行政、司法、军事、财税与外交等重要权力。这大大加强了联邦政府的权力，使美国成为真正统一的现代民主国家，进而促进了美国资本主义工商业的迅速发展。

麦迪逊对美国现有政治制度的形成做出了卓越的贡献。《联邦宪法》使得麦迪逊的多元主义政治思想得以体现和巩固，而分权制衡原则的确立又对美国社会的稳定与发展起了巨大的作用。在美国，政府的权力被限定在法定的范围之内，并且各个分立的权能间互相制约，这既防止了暴虐的专制政府的出现，又在一定程度上确保了美国人民的自由与权利。两百多年里，这种稳定而有效的政治制度基本维护了美国社会的稳定，也使美国联邦政府能够在不同时期根据实际需要制定出适当的、较为理性的决策，进而推动国家经济和社会的全面发展。

美国《联邦宪法》的制定是为了设立一种政府运作的框架与机制，而这种框架与机制的确定是一个政府成为宪政政府（constitutional government）的必要条件。在麦迪逊看来，任何一个宪政的政府，必须具备一些权力制衡的基本原则，而这正是宪政的本质。这些原则应当是既高屋建瓴，又刚柔兼济的。所谓“刚”，是指宪法的严密精细的设置使得它所确立的原则不会被立法、行政或司法部门轻易地为一己之利所改动。也就是说，由于麦迪逊等为宪法的修改设置了严格、复杂的规则与程序，使得任何政党、派别及政治家个人都不能够随心所欲地、轻率地修改宪法。所谓“柔”，就是《联邦宪法》的制定者仍然为因时代的发展而产生的改进宪法的要求留下了合理的空间和可能。华盛顿于1787年11月10日在致他的侄儿的信中很好地阐明了这一原则：“尽管有人对宪法表示热烈拥护和支持，但并不能说明它完美无缺。然而，人们都理解，缺点无法避免，是在情理之内的。如果这些缺点将产生任何恶果，也要在今后方能加以补救，因为目前是无法进行这种补救的。宪法已为这种补救敞开了大门。我认为，民众（因为要由他们来判断）能够亲自体验，所以他们能和我们一样，对必要进行的变更和修改做出最适当的决定。我觉得，我们并不比我们的后辈有更多的灵感、智慧和美德。”① 从1791年通过的最早的十条修正案即《权利法案》到1992年的第二十七条修正案，这些修正案既维护了美国宪法的基本原则，又在一定程度上回应和解决了美国各个历史时期社会、政治生活中所出现的新的问题。

美国宪法在一定程度上体现了资产阶级的人权思想。②《权利法案》明确规定“人身保护令特权除遇内战或外患在公共安全上要求必须停止情况外不得停止之”，以此确保公民的人身权利不被侵犯。此外，它

① 华盛顿．华盛顿选集［M］．聂崇信，吕德本，熊希龄，译．北京：商务印书馆，1983：237.

② 陆镜生．试论美国宪法的历史影响［J］．历史研究，1987（7）：30.

还确定了在司法审判中实行陪审团制度的原则，这是对于自中世纪后期以来英国人权传统的继承与发扬。然而，麦迪逊所主持制定的宪法并未提及美国《独立宣言》中所伸张的自然权利，即“生存、自由和追求幸福的权利”。洛克在他的《政府论（下篇）》中主张人类生而具有“生存权、自由权和财产权”这三种自然权利。杰斐逊所起草的《独立宣言》在许多方面重申了洛克的政治主张，但是，在讲到人的自然权利时，他把洛克奉为至上的财产权改成了“追求幸福的权利”。这个改动并非不经意的，这背后的真实含义是，杰斐逊不认为财产权是自然权利（或“天赋人权”），而认为它是一种社会权利（social right）。进一步讲，当洛克主张资产者追求“无限财产的无限权利”（unlimited right to unlimited property）时，杰斐逊却同卢梭一样，主张一种有限的财产权（limited right to limited property）。也就是说，他们都反对人们在经济上的两极分化，都主张一种以独立生产者为主的社会（one class society）。① 而在这一点上，麦迪逊无疑是与洛克相一致的，他起草的《权利法案》中规定“不得剥夺任何人之生命、自由或财产；非有恰当补偿，私人财产不得充公”，即他把保护有产者的财产权看作至高无上的。这是美国《联邦宪法》的一个政治哲学的基点，同时也是美国宪法的一个内在缺陷。

此外，美国宪法的另一个缺陷是，尽管《权利法案》规定了公民的诸种权利，但这些权利往往只为有产阶级的白人男子所享有。当时，“占美国人口 35%的印第安人、黑奴，还有占人口 50%的妇女事实上都被剥夺了政治权利”②。美国的黑人直到南北战争之后才享有公民权，而直到 20 世纪 60 年代，通过第二十三条、第二十四条宪法修正案以及

① MACPHERSON C B. The life and Times of Liberal Democracy [M]. Oxford: Oford University Press, 1978: 16-18.

② 陆镜生 . 试论美国宪法的历史影响 [J] . 历史研究，1987 (7): 34.

国会几个民权法、选举权利法的制定，黑人的选举权才基本上得到保障。而美国广大的妇女直到1920年的第十八条宪法修正案制定后才获得了选举权。

结　论

多数民主理论认为民主即由人民的多数来制定政治的决策。多元民主理论则认为民主意味着由各利益集团在竞争中产生政治的决策。杰斐逊和麦迪逊分别是美国多数民主与多元民主理论的先驱，而杰斐逊和麦迪逊政治思想的哲学基础是他们不同的人性论。杰斐逊认为人有一种天生的道德本能，世上绝大多数人的天性是向善的，因而，他无保留地相信人民群众，主张多数民主、主权在民；而麦迪逊则对人性持有相当悲观的态度，对人民怀着疑惧与警诫态度。不同于汉密尔顿，麦迪逊反对君主制、主张共和制，但他同洛克及“西方保守主义之父”柏克一样，唯恐人民群众侵犯资产阶级和大土地所有者的财产权，即所谓“多数人对少数人的暴政”，这反映出麦迪逊思想中的矛盾和困境。这是他多元民主政治思想的一种精神实质，也是其思想的一种阶级与历史的局限。

总而言之，麦迪逊思想的困境，也就是美国民主的困境，而这种困境是由美国社会的根本制度——资本主义制度决定的。在麦迪逊的时代，作为一个农业社会，美国的工业革命远未完成，美国的资本主义还远远不够发达，所以民主与资本主义制度之间的根本矛盾还没有像今天这样尖锐。在那样一个资本主义工业化、商业化和金融化大潮即将到来的时代，汉密尔顿对民主是毫无保留地热烈地欢迎，杰斐逊的态度却是警惕、抵拒与批判，而麦迪逊则充满矛盾与犹疑地站在他们二者的中间。所以，当汉密尔顿坚决地反对民主，杰斐逊热烈地倡导着民主的时候，麦迪逊在矛盾与犹疑中提出了他的多元主义理论，而这一理论又深刻地影响了以达尔为代表的当代美国的民主理论家们。他思想中的矛盾和局限也给美国今天的民主理论与实践打上了深刻的烙印。

今天的美国已成为世界上最发达、最典型的资本主义国家，而资本主义民主的根本矛盾也在美国表现得最为明显和真切。一方面，民主制度要求每个公民都拥有平等的权利与责任，而另一方面，资本主义的生产方式却每时每刻在制造、生成着人们在政治与经济方面的不平等，这种不平等在美国表现得最为突出。也就是说，资本主义的生产方式在促进美国民主在形式与程序方面日益完善的同时，却又不可避免地损害与销蚀着真正的民主制度的必要条件与基础，即所有公民在经济上的平等，这就是多元民主所面临的一个无解的二律背反。那么我们从其中应得出怎样的启示呢？那就是我们在研究和借鉴西方民主与法治文化的精华的同时，应该坚定不移地坚持马克思主义的基本原则、坚持社会主义的基本原则，唯有如此，我们才可能更好地建设我们自己的、真正由人民大众当家作主的社会主义社会。

参考文献

中文文献

[1] 中共中央马克思恩格斯列宁斯大林著作编译局．马克思恩格斯选集［M］．北京：人民出版社，2013.

[2] 汉密尔顿，杰伊，麦迪逊．联邦党人文集［M］．程逢如，在汉，舒逊，译．北京：商务印书馆，2019.

[3] 麦迪逊. 辩论——美国制宪会议记录［M］．尹宣，译．南京：译林出版社，2014.

[4] 盖伊．詹姆斯·麦迪逊评传［M］．欧亚戈，译．北京：北京大学出版社，2014.

[5] 威尔士．美国宪法之父：詹姆斯·麦迪逊传［M］．刘红，冉红英，译．合肥：安徽教育出版社，2006.

[6] 达尔．论民主［M］．李风华，译．北京：中国人民大学出版社，2020.

[7] 达尔，塔夫特．规模与民主［M］．唐皇凤，刘晔，译．上海：上海人民出版社，2022.

[8] 达尔．民主及其批评者［M］．曹海军，佟德志，译．北京：

中国人民大学出版社，2016.

[9] 达尔．美国宪法的民主批判［M］．钱镇，译．北京：中国人民大学出版社，2015.

[10] 达尔．民主理论的前言［M］．顾昕，朱丹，译．北京：生活·读书·新知三联书店，1999.

[11] 达尔．多头政体——参与和反对［M］．谭君久，刘惠荣，译．北京：商务印书馆，2003.

[12] 亚里士多德．政治学［M］．吴寿彭，译．北京：商务印书馆，1997.

[13] 西塞罗．国家篇 法律篇［M］．沈叔平，苏力，译．北京：商务印书馆，2022.

[14] 斯金纳．近代政治思想的基础［M］．奚瑞森，亚方，译．北京：商务印书馆，2002.

[15] 华盛顿．华盛顿选集［M］．聂崇信，吕德本，熊希龄，译．北京：商务印书馆，1983.

[16] 扎科特．自然权利与新共和主义［M］．王崇兴，译．长春：吉林出版集团有限责任公司，2008.

[17] 洛克．政府论［M］．瞿菊农，叶启芳，译．北京：商务印书馆，2019.

[18] 莫内．自由主义思想文化史［M］．曹海军，译．长春：吉林人民出版社，2004.

[19] 孟德斯鸠．论法的精神［M］．张雁深，译．北京：商务印书馆，2009.

［20］坦嫩鲍姆，舒尔茨．观念的发明者——西方政治哲学导论［M］．叶颖，译．北京：北京大学出版社，2008.

［21］考文．美国宪法的“高级法”背景［M］．强世功，译．北京：生活·读书·新知三联书店，1996.

［22］托尼．宗教与资本主义的兴起［M］．赵月瑟，夏镇平，译．上海：上海译文出版社，2006.

［23］韦伯．新教伦理与资本主义精神［M］．于晓，陈维刚，等译．北京：生活·读书·新知三联书店，1987.

［24］斯托林．反联邦党人支持什么——宪法反对者的政治思想［M］．汪庆华，译．北京：北京大学出版社，2006.

［25］威尔逊．国会政体［M］．熊希龄，吕德本，译．北京：商务印书馆，1986.

［26］桑斯坦．偏颇的宪法［M］．宋华琳，毕竟悦，译．北京大学出版社，2005.

［27］比尔德．美国宪法的经济观［M］．何希齐，译．北京：商务印书馆，1984.

［28］托克维尔．论美国的民主［M］．董果良，译．北京：商务印书馆，2008.

［29］伊拉扎．联邦主义探索［M］．彭利平，译．上海：上海三联书店，2004.

［30］阿克顿．自由史论［M］．胡传胜，等译．南京：译林出版社，2001.

［31］奥斯特罗姆．复合共和制的政治理论［M］．毛寿龙，译．

上海：上海三联书店，1999.

[32] 海伍德．政治学核心概念［M］．吴勇，译．天津：天津人民出版社，2008.

[33] 法伦德．设计宪法［M］．董成美，译．上海：上海三联书店，2006.

[34] 汤普森．宪法的政治理论［M］．张志铭，译．北京：生活·读书·新知三联书店，1997.

[35] 熊彼特．资本主义、社会主义和民主［M］．杨中秋，译．北京：商务印书馆，1979.

[36] 考文．美国宪法的高级法背景［M］．张世功，译．北京：北京大学出版社，2015.

[37] 斯托里．美国宪法评注［M］．毛国权，译．上海：上海三联书店，2006.

[38] 王希．原则与妥协——美国宪法的精神与实践［M］．北京：北京大学出版社，2014.

[39] 李红海．普通法的历史解读——从梅特兰开始［M］．北京：清华大学出版社，2003.

[40] 邓正来．布莱克维尔政治学百科全书［M］．北京：中国政法大学出版社，1992.

[41] 杰斐逊．杰斐逊选集［M］．朱曾坟，译．北京：商务印书馆，1999.

[42] 佟德志．宪政与民主［M］．南京：江苏人民出版社，2007.

英文文献

[1] MADISON J, HAMILTON A, JAY J. The Federalist Papers [M]. New York: New American Library, 1961.

[2] WOOD G. The Radicalism of the American Revolution [M]. New York: Vintage Publishing, 2019.

[3] BANNING L. The Scared Fire of Liberty: James Madison and the Founding of the Federal Republic [M]. Ithaca: Cornell University Press, 1995.

[4] SHELDON G W. The Political Philosophy of James Madison [M]. Baltimore: Johns Hopkins University Press, 2001.

[5] ROBINSON O F. An Introduction to European Legal History [M]. Abingdon: Professional Books Limited, 1985.

[6] POCOCK J G A. The Machiavellian Moment: Florentine Political Thought and the Atlantic Republican Tradition [M]. Princeton: Princeton University Press, 2003.

[7] ARENDT H. The Origins of Totalitarianism [M]. San Diego: Harcourt, 1975.

[8] ARENDT H. The Human Condition [M]. Chicago: University of Chicago Press, 1998.

[9] STEWART J B. The Moral and Political Philosophy of David Hume [M]. New York: Columbia University Press, 1963.

[10] ADRIENNE K. The life and selected writings of Thomas Jefferson

[M] . New York: Random House, 1998.

[11] CALVIN J. On God and Political Duty [M] . Indianapolis: Bobbs-merrill, 1956.

[12] MACPHERSON C B. The Life and Times of Liberal Democracy [M] . Oxford: Oxford University Press, 1978.

[13] MACMANITS S A. Governing a Changing America [M] . New York: John Wiley & Sons, 1984.

[14] PADOVER S K. The Genius of America [M] . New York: McGraw-Hill Book Company, 1960.

[15] MATTHEWS R K. If Men Were Angles: James Madison and the Heartless Empire of Reason [M] . Lawrence, Kansas: University Press of Kansas, 1995.

[16] BRANT I. James Madison and American Nationalism [M] . New Jersey: D. Van Nostrand Company, 1968.

[17] BARADAT L. Political Ideologies: Their Origins and Impact [M] . New Jersey: Prentice Hall, 2000.

[18] KOCH A. Jefferson and Madison: the Great Collaboration [M] . Oxford: Oxford University Press, 1964.

[19] SCHUMPETER J. Capitalism, Socialism and Democracy [M] . New York: Routledge, 1942.

[20] DAHL R A. Democracy and its Critics [M] . New Haven: Yale University Press, 1989.

[21] DAHL R A. Who Governs? Democracy and Power in an American

City [M] . New Haven: Yale University Press, 1961.

[22] ENGEMAN T. Thomas Jefferson and the Politics of Nature [M] . Notre Dame, Indiana: University of Notre Dame Press, 2000.